내 맘대로

영어

독학 첫걸음

내 맘대로 영어 독학 첫걸음

저 자 배현

발행인 고본화

발 행 반석출판사

2022년 8월 10일 초판 2쇄 인쇄

2022년 8월 15일 초판 2쇄 발행

반석출판사 | www.bansok.co.kr

이메일 | bansok@bansok.co.kr

블로그 | blog.naver.com/bansokbooks

07547 서울시 강서구 양천로 583. B동 1007호

(서울시 강서구 염창동 240-21번지 우림블루나인 비즈니스센터 B동 1007호)

대표전화 02) 2093-3399   팩 스 02) 2093-3393

출 판 부 02) 2093-3395   영업부 02) 2093-3396

등록번호 제315-2008-000033호

ISBN 978-89-7172-941-0 (13740)

내 맘대로 영어 독학 첫걸음

반석
북스

머리말

지구촌 시대인 지금 다른 언어를 배우는 것은 생존의 필수 요소가 되어버렸습니다. 특히 세계 공용어인 영어는 반드시 익혀야 하는 언어입니다. 하지만 영어는 한국어와 어순, 발음 등 많은 부분이 다르기 때문에 우리나라 영어 학습자들은 많은 어려움을 겪습니다. 수많은 영어 교재들이 나오고 학습법이 나왔지만 여전히 영어 교육은 이 문제를 해결하지 못하고 있습니다.

언어를 가장 효과적으로 배우는 방법은 상황을 보고 배우는 것입니다. 언어를 사용할 때는 대부분 특정 상황에 맞춰서 사용하기 때문입니다. 영어도 마찬가지입니다. 아무리 교실에서 어려운 영문법과 읽는 법을 배워도 실제 상황에서 사용할 수 없으면 소용이 없습니다. 안타깝게도 많은 영어 학습자들이 아는 것은 많이 있지만 실제로 영어를 쓸 때는 아는 것의 10분의 1도 사용하지 못하는 것이 현실입니다. 왜 이런 일이 일어났을까요? 그 이유는 바로 우리나라 대부분의 영어 학습에 회화가 결여되어 있기 때문입니다. 그리고 회화를 배운다고 해도 특정 상황에서 배우는 것이 아니라 교실에서만 배우기 때문에 밖에 나가면 당황하고 말을 못하는 것입니다. 그렇기 때문에 영어를 잘 하기 위해서는 쉬운 표현이라도 우선 상황에 맞는 표현을 숙지하는 것이 필요합니다. 이러한 점을 고려하여 이 책은 100가지 상황에 기초한 표현들을 모아 놓았습니다. 이 100가지 상황만 잘 숙지하고 응용할 수 있으면 다른 수많은 상황에서도 영어를 쓸 수 있을 것입니다. 많은 영어 학습자들이 이 책을 통해서 영어 실력을 늘리고 원어민들과 자유롭게 이야기할 수 있게 되기를 바랍니다.

저자 **배현**

이 책의 특징

★ 이 책은 크게 8가지 주제가 있고 100가지 상황에 주로 사용되는 표현들을 포함하고 있습니다. 각 상황마다 3가지 핵심표현들을 배우고 두 개의 대화문을 통해서 이 표현들을 연습할 수 있습니다. 각 대화문은 총 네 개의 문장으로 이루어져서 추가적으로 나오는 표현들을 합치면 총 10개 정도의 표현들을 접할 수 있습니다. 새로 나오는 단어들은 각 페이지 밑에 있는 단어 노트를 통해서 바로 확인할 수 있습니다.

★ 어려운 부분에 대한 이해를 돕기 위해 각 페이지에 단어의 유래, 쉽게 외우는 법, 문법 등을 소개하는 Tip 파트를 통해 혼자서도 쉽게 공부할 수 있도록 구성되어 있습니다. 물론 학원이나 개인 선생님을 통해서 학습을 하는 것도 가능합니다.

★ 원어민이 직접 녹음한 음원 파일과 QR코드를 제공하고 있어서 먼저 읽고 이해한 후에 음원 파일을 들으면 훨씬 더 효과적으로 공부할 수 있습니다.

★ 각 문장 위에 한국어 발음이 적혀 있어서 영어 발음을 읽을 수 없거나 영어 발음에 익숙하지 않은 분들은 한글 발음 표기를 보고 공부할 수 있습니다. 영어를 처음 공부하는 학습자나 초보자도 쉽게 공부할 수 있습니다.

목차

영어에서
가장 많이 사용하는
동사 단어 20개

bring 가져가다 / call 부르다 / come 오다
do 하다 / get 얻다 / give 주다 / go 가다
have 가지다 / hold 쥐다 / keep 유지하다
look 보다 / make 만들다 / put 놓다
run 달리다 / see 보다 / take 가지다
tell 말하다 / try 시도하다
use 사용하다 / work 일하다

bring
가져가다

1. **bring about**
   ▶ 야기하다, 초래하다

2. **bring up**
   ▶ (화제를) 꺼내다, (아이를) 키우다

3. **bring before**
   ▶ ~에 소환하다

4. **bring (something) out**
   ▶ ~을 끌어내다, 이해하기 쉽게 만들다

5. **bring (someone) to shame**
   ▶ ~에게 창피를 주다

6. **bring (someone) to life**
   ▶ ~을 소생시키다

7. **bring (someone) to justice/trial**
   ▶ ~을 재판에 회부하다

8. **bring ruin upon oneself**
   ▶ 파멸을 자초하다

9. **bring luck**
   ▶ 행운을 가져오다

10. **bring justice**
    ▶ 정당성을 가져오다

call
부르다

1. **call at**
   ▶ 들르다

2. **call for**
   ▶ 요구하다

3. **call off**
   ▶ 취소하다

4. **call (somebody) in**
   ▶ ~을 불러서 오게 하다, 직장에 전화를 걸다

5. **call on**
   ▶ (수업 등에서) 부르다

6. **call back**
   ▶ 다시 전화하다

7. **call security**
   ▶ 보안 요원을 부르다

8. **call police**
   ▶ 경찰을 부르다

9. **good/bad call**
   ▶ 잘한/못한 일

10. **call it a day**
    ▶ 그만하기로 하다

come
오다

1. **come along**
   ▶ 함께 가다, 나타나다
2. **come out**
   ▶ 나오다
3. **come around**
   ▶ 의식을 차리다
4. **come on**
   ▶ 힘내, 제발
5. **come up with**
   ▶ 고안하다
6. **come across**
   ▶ 우연히 발견하다
7. **come apart**
   ▶ 부서지다
8. **come off**
   ▶ 떨어지다
9. **come clean**
   ▶ 실토하다
10. **come down with**
    ▶ (병에) 걸리다

do
하다

1. **do chores**
   ▶ 집안일을 하다
2. **do homework**
   ▶ 숙제를 하다
3. **do laundry**
   ▶ 세탁을 하다
4. **do the math**
   ▶ 계산하다
5. **do shopping**
   ▶ 쇼핑을 하다
6. **do yoga**
   ▶ 요가를 한다
7. **do the dishes**
   ▶ 설거지를 하다
8. **do business**
   ▶ 사업을 하다
9. **do exercise**
   ▶ 운동을 하다
10. **do one's best**
    ▶ 최선을 다하다

get
얻다

1. **get a taxi/bus/ subway**
   ▶ 택시/버스/지하철을 타다
2. **get the door**
   ▶ 문을 열다
3. **get the phone**
   ▶ 전화를 받다
4. **get out**
   ▶ 내리다
5. **get along**
   ▶ (적은 돈으로) 살아가다
6. **get along with**
   ▶ ~와 잘 지내다
7. **get away**
   ▶ 벗어나다
8. **get up**
   ▶ 일어나다
9. **get down**
   ▶ 내리다
10. **get by**
    ▶ 그럭저럭 살아가다

give
주다

1. **give up**
   ▶ 포기하다
2. **give away**
   ▶ 기부하다, 나누어 주다
3. **give back**
   ▶ 돌려주다
4. **give in**
   ▶ 항복하다
5. **give out**
   ▶ 나누어 주다, (빛, 열을) 내다
6. **give over**
   ▶ 양도하다
7. **give off**
   ▶ 발하다
8. **give recognition to**
   ▶ 인정하다
9. **give an alarm**
   ▶ 경보를 울리다
10. **give an example**
    ▶ 예를 들다

go
가다

1. **go up**
   ▶ 위로 가다
2. **go ahead**
   ▶ 계속하다
3. **go after**
   ▶ 추구하다, 쫓다
4. **go over**
   ▶ 검토하다
5. **go out with**
   ▶ 데이트하다
6. **go into**
   ▶ 들어가다
7. **go for**
   ▶ ~에 해당하다, ~을 가지러 가다
8. **go steady**
   ▶ (정식으로) 사귀다
9. **go astray**
   ▶ 분실되다, 잘못된 방향으로 가다
10. **go around**
    ▶ 돌다, (사람들에게 몫이) 돌아가다

have
가지다

1. **have an eye for**
   ▶ ~에 대해 안목이 있다
2. **have an eye on**
   ▶ ~을 감시하다, ~을 유의하다
3. **have a party**
   ▶ 파티를 하다
4. **have fun**
   ▶ 재미있다, 재미있게 놀다
5. **have a fight**
   ▶ 싸우다
6. **have breakfast/lunch/dinner**
   ▶ 아침/점심/저녁 식사를 하다
7. **have deep pockets**
   ▶ 돈이 많다, 수입이 많다
8. **have something to do with**
   ▶ ~와 관련이 있다
9. **have nothing to do with**
   ▶ ~와 관련이 없다
10. **have a hunch**
    ▶ 예감이 든다

hold
쥐다

keep
유지하다

1. **hold on**
   ▶ 버티다, 잠시 기다리다

2. **hold back**
   ▶ 막다, 저지하다, 억제하다

3. **hold down**
   ▶ 제압하다, (소리를) 낮추다

4. **hold your horses**
   ▶ 침착해

5. **hold up**
   ▶ (쓰러지지 않도록) ~을 떠받치다

6. **hold over**
   ▶ 연기하다

7. **get hold of**
   ▶ ~을 잡다

8. **hold a contest**
   ▶ 경연을 개최하다

9. **hold power**
   ▶ 힘을 갖다

10. **hold membership**
    ▶ 멤버십을 갖다

1. **keep an eye on**
   ▶ 계속해서 지켜보다

2. **keep up with**
   ▶ ~에 뒤지지 않다

3. **keep out of**
   ▶ ~을 피하다

4. **keep away from**
   ▶ ~을 가까이 하지 않다

5. **keep the change**
   ▶ 거스름 돈을 가지다

6. **keep one's chin up**
   ▶ 굴복하지 않고 힘내다

7. **keep up interest**
   ▶ 흥미를 유지하다

8. **keep a secret**
   ▶ 비밀을 지키다

9. **keep quiet**
   ▶ 침묵을 지키다

10. **keep a straight face**
    ▶ 웃지 않고 있다, 진지한 표정을 하다

look

보다

1. **look at**
   ▶ 쳐다보다

2. **look up**
   ▶ 올려다보다, 찾아보다

3. **look up to**
   ▶ 우러러보다, ~을 존경하다

4. **look after**
   ▶ ~을 맡다, 예의주시하다

5. **look down**
   ▶ 내려다보다

6. **look down upon**
   ▶ 우습게 보다

7. **look forward to**
   ▶ ~을 고대하다

8. **look around**
   ▶ 둘러보다

9. **look back**
   ▶ 회고하다

10. **look out**
    ▶ 조심해!

make

만들다

1. **make noise**
   ▶ 시끄럽게 하다

2. **make up for**
   ▶ ~에 대해 보상하다

3. **make friends with**
   ▶ ~와 친하게 지내다

4. **make a speech**
   ▶ 연설하다

5. **make an excuse**
   ▶ 변명하다

6. **make a decision**
   ▶ 결정하다

7. **make a difference**
   ▶ 영향을 미치다, 변화를 주다

8. **make a complaint**
   ▶ 불평하다

9. **make a fortune**
   ▶ 부자가 되다

10. **make a promise**
    ▶ 약속하다

put
놓다

1. **put up with**
   ▶ 참다
2. **put away**
   ▶ (다 쓴 것을) 치우다
3. **put aside**
   ▶ 보류하다, 저축하다
4. **put down**
   ▶ 내려놓다
5. **put (something) off**
   ▶ ~를 미루다
6. **put (someone) off**
   ▶ ~와의 만남을 취소하다
7. **put on**
   ▶ 몸에 걸치다, 바르다
8. **put (someone) on**
   ▶ ~에게 전화를 바꾸다
9. **put (someone) through**
   ▶ ~에게 전화 연결해 주다
10. **put on weight**
    ▶ 살이 찌다

run
달리다

1. **run for**
   ▶ (선거에) 출마하다
2. **run into**
   ▶ 우연히 만나다
3. **run through**
   ▶ 훑어보다
4. **run off**
   ▶ 흘러 넘치다
5. **run away**
   ▶ 도망치다
6. **run over**
   ▶ (내용물이) 넘치다
7. **run after**
   ▶ 뒤쫓다
8. **run a risk**
   ▶ 위험을 무릅쓰다
9. **run a company**
   ▶ 회사를 경영하다
10. **run out of**
    ▶ ~가 떨어지다

see

보다

1. **see off**
   ▶ 배웅하다
2. **see through**
   ▶ 간파하다
3. **see to**
   ▶ 돌보다, 처리하다
4. **see over**
   ▶ 위에서 둘러 보다
5. **see about**
   ▶ 처리하다, 고려하다
6. **see quality**
   ▶ 품질을 보다
7. **see a vision**
   ▶ 환상을 보다
8. **see eye to eye with**
   ▶ ~와 의견을 같이하다
9. **see you next time**
   ▶ 다음에 봐
10. **see you around**
    ▶ 나중에 봐

take

가지다

1. **take a picture**
   ▶ 사진을 찍다
2. **take action**
   ▶ 조치를 취하다
3. **take medicine**
   ▶ 약을 먹다
4. **take one's temperature**
   ▶ 온도를 재다
5. **take up**
   ▶ 차지하다
6. **take over**
   ▶ ~을 인계 받다, 장악하다
7. **take after**
   ▶ 닮다
8. **take away**
   ▶ ~을 갖고 가다
9. **take back**
   ▶ 철회하다, 반품하다
10. **take effect**
    ▶ 효과가 나타나다

tell
말하다

1. **tell a lie**
   ▶ 거짓말하다
2. **tell a joke**
   ▶ 농담하다
3. **tell the truth**
   ▶ 진실을 말하다
4. **tell the difference**
   ▶ 차이를 분별하다
5. **tell on**
   ▶ ~을 고자질하다
6. **tell (someone) off**
   ▶ 꾸짖다, 호통치다
7. **tell the world**
   ▶ 공언하다
8. **tell the inside story**
   ▶ 속사정을 털어놓다
9. **tell the whole story**
   ▶ 자초지종을 이야기하다
10. **tell the price**
    ▶ 가격을 말하다

try
시도하다

1. **try on**
   ▶ 입어보다
2. **try out**
   ▶ 시험해 보다
3. **try hard**
   ▶ 애쓰다
4. **try for**
   ▶ ~을 얻기 위해 노력하다
5. **try everything**
   ▶ 모든 방법을 동원하다
6. **try one's luck**
   ▶ ~의 운을 시험해보다
7. **try one's weight**
   ▶ 체중을 달아보다
8. **try one's best**
   ▶ 최선을 다하다
9. **try one's chance**
   ▶ 모험적으로 해보다
10. **try one's wings**
    ▶ 자신의 새로운 능력이나 자격을 시험하다

use
사용하다

1. **come into wide use**
   ▶ 널리 사용되게 되다.

2. **used to 동사**
   ▶ ~하곤 하다

3. **get used to 동사**
   ▶ ~하는데 익숙해지다

4. **be used to 동사**
   ▶ ~하는데 익숙하다

5. **make free use of**
   ▶ 자유롭게 사용하다

6. **make the best use of**
   ▶ 최대한 활용하다

7. **use your imagination**
   ▶ 상상력을 발휘하다

8. **use your brain**
   ▶ 머리를 쓰다

9. **use up**
   ▶ 전부 쓰다

10. **It's no use**
    ▶ 소용없다

work
일하다

1. **work out**
   ▶ 운동하다, 잘 풀리다, 계산하다

2. **work on**
   ▶ 착수하다, 연구하다

3. **work wonder**
   ▶ 놀라운 효과, 결과를 낳다

4. **make short work of**
   ▶ 빨리 처리하다

5. **out of work**
   ▶ 실직한, 작동하지 않는

6. **donkey work**
   ▶ 고되고 단조로운 일

7. **set to work**
   ▶ 일에 착수하다

8. **work one's fingers to the bone**
   ▶ 고되게 일을 하다

9. **work by day/night**
   ▶ 낮에/밤에 일하다

10. **work by the hour**
    ▶ 시급제로 일하다

자주 쓰는 회화 표현

☑ 안녕하세요!
Hi/Hello!
하이/헬로우

☑ 안녕하세요! (아침/낮/밤)
Good morning(afternoon/evening)!
굿 모닝(앱터눈/이브닝)

☑ 아니 이게 누구세요!
Look who's here!
룩 후즈 히어

☑ 여기에 어쩐 일로 오셨어요? (용무를 물어볼 때)
What brings you here?
왓 브링즈 유 히어

☑ 어떻게 지내세요?
How are you doing?
하- 아유 두잉

☑ 별일 없으세요?
Anything new?
에니씽 뉴

☑ 오랜만입니다.
Long time no see.
롱 타임 노 씨

☑ 보고 싶었어요.
I've missed you.
아이브 미스트 유

☑ 가족들은 안녕하신지요?
How's your family?
하우즈 유어 훼멀리

☑ 밀러 씨가 당신에게 안부를 전하더군요.
Mr. Miller asked me to give his regards to you.
미스터 밀러 애슥트 미 투 깁 히즈 리가즈 투 유

☑ 처음 뵙겠습니다.
How do you do?
하우 두 유 두

☑ 알게 되어 기쁩니다.
I'm glad to know you.
암 글래드 투 노우 유

☑ 제 소개를 할까요?
May I introduce myself?
메아이 인트러듀스 마이셀프

☑ 두 분이 서로 인사 나누셨습니까?
Have you met each other?
해뷰 멧 이취 아더

☑ 김 씨, 밀러 씨하고 인사 나누세요.
Mr. Kim, meet Mr. Miller.
미스터 킴 밋 미스터 밀러

☑ 존슨 씨가 당신에 대해 자주 말씀하셨습니다.
Mr. Johnson often speaks of you.
미스터 쟌슨 오픈 스픽스 어뷰

☑ 서로 좋은 친구가 되었으면 합니다.
I hope we become good friends.
아이 홉 위 비컴 굿 프렌즈

☑ 말씀 많이 들었습니다.
I've heard so much about you.
아이브 헐드 쏘 머취 어바웃츄

☑ 명함 한 장 주시겠어요?
May I have your business card?
메아이 해뷰어 비즈니스 카드

☑ 만나서 매우 반가웠습니다.
(I was very) Glad to meet you.
(아이 워즈 베리) 글래드 투 밋츄

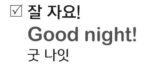

☑ 잘 자요!
Good night!
굿 나잇

☑ 안녕히 가세요.
Good bye. /Bye.
굿바이/바이

☑ 또 봅시다.
I'll be seeing you!
알 비 씽 유

☑ 안녕히 계세요(살펴 가세요).
Take care.
테익 케어

☑ 이제 가봐야겠습니다.
I must be going now.
아이 머슷 비 고잉 나우

☑ 정말로 식사 잘 했습니다.
I really enjoyed the meal.
아이 륄리 인죠이드 더 밀

☑ 오늘 저녁 정말 즐거웠습니다.
I really had a pleasant evening.
아이 륄리 해더 플레전트 이브닝

☑ 방문해 주셔서 고맙습니다.
Thank you for coming.
땡큐 훠 커밍

☑ 또 오세요.
Come again.
컴 어게인

☑ 가족들에게 안부 부탁합니다.
Send my regards to your family.
센드 마이 리가즈 투 유어 훼멀리

☑ 안녕히. 재미있게 지내세요.
Good-bye. Have a nice time.
굿바이 해버 나이스 타임

☑ 진심으로 감사드립니다.
I heartily thank you.
아이 헐틸리 땡큐

☑ 큰 도움이 되었어요.
You've been a great help.
유브 비너 그레잇 헬프

☑ 환대에 감사드립니다.
Thank you for your hospitality.
땡큐 훠 유어 하스피탤러티

☑ 보답해 드릴 수 있으면 좋겠어요.
I hope I can repay you for it.
아이 호파이 캔 리페이 유 훠릿

☑ 보잘것없는 것이지만 받아 주십시오.
Kindly accept this little trifle.
카인들리 억셉 디스 리를 트라이휠

☑ 이건 바로 제가 갖고 싶었던 거예요.
This is just what I wanted.
디씨즈 저슷 와라이 원티드

☑ 그렇게 말씀해 주시니 고맙습니다.
It's very nice of you to say so.
잇츠 베리 나이스 어뷰 투 쎄이 쏘

☑ 대단한 일도 아닙니다(별 것 아닙니다).
No big deal.
노 빅 딜

☑ 맛있게 드셨다니 다행입니다.
I'm glad you enjoyed it.
암 글래쥬 인죠이딧

☑ 도움이 될 수 있어서 기쁩니다.
I'm glad to help you.
암 글랫 투 헬퓨

☑ 실례합니다(미안합니다).
Excuse me.
익스큐즈 미

☑ 실례했습니다. 사람을 잘못 봤습니다.
Excuse me. I got the wrong person.
익스큐즈 미 아이 가러 륑 퍼슨

☑ 정말 죄송합니다.
I'm really sorry.
암 륄리 쏘리

☑ 얼마나 죄송한지 모르겠습니다.
I can't tell you how sorry I am.
아 캐앤 텔 유 하우 쏘리 아이엠

☑ 오래 기다리게 해서 미안합니다.
I'm sorry to have you wait so long.
암 쏘리 투 해뷰 웨잇 쏘 롱

☑ 기분을 상하게 해드리지는 않았는지 모르겠네요.
I hope I didn't offend you.
아이 호파이 디든 오휀드 유

☑ 실수에 대해 사과드립니다.
I apologize for the mistake.
아이 어팔러좌이즈 훠 더 미스테익

☑ 미안해요, 어쩔 수가 없었어요.
I'm sorry, I couldn't help it.
암 쏘리 아이 쿠든 헬핏

☑ 그럴 생각은 추호도 없었습니다(고의가 아닙니다).
I didn't mean it at all.
아이 디든 미닛 앳 올

1

소개 및 만남

누군가를 만나서 소개를 하는 일은 매우 일상
적인 일입니다.
소개나 만남을 통해서 나올 수 있는 여러 가지
표현을 정리했습니다. 이를 통해 소개 및 만남
에서 나올 수 있는 표현을 구사할 수 있습니다.

렛 미 인트로듀스 마이셀프.
Let me introduce myself.
제 소개를 하겠습니다.

아이 앰 고잉 투 토크 어바웃 마이셀프.
I am going to talk about myself.
저에 대해 이야기를 하겠습니다.

아이 앰 고잉 투 인트로듀스 마이셀프 투 유.
I am going to introduce myself to you.
당신에게 저를 소개하겠습니다.

PLUS

해브 위 멧 비폴?
Have we met before?
저희 만난 적 있나요?

아이 돈 띵크 위브 멧.
I don't think we've met.
아직 만난 적이 없는 것 같네요.

Tip

Let은 "~를 ~하게 시키다" 라는 뜻이다. 우리나라에서 이러한 표현은 다른 사람에게 무슨 일을 시킬 때만 사용되지만 영어에서는 자신에게도 사용할 수 있다. 그래서 Let me ~ 라고 하면 "제 자신이 ~하도록 시키다"가 되고 의역하면 "제가 ~를 하겠습니다"가 된다.

A Let me introduce myself. I am Jack.
렛 미 인트로듀스 마이셀프. 아이 앰 잭.

What is your name?
왓 이즈 유얼 네임?

B Hello, Jack. I am Susan. Nice to meet you.
헬로우. 잭. 아이 앰 수잔. 나이스 투 밋 유.

A Nice to meet you, too.
나이스 투 밋 유 투.

B This is my phone number.
디쓰 이즈 마이 폰 넘벌.

Let's keep in touch.
레츠 킵 인 터치.

A 제 소개를 할게요, 저는 Jack인데, 이름이 어떻게 되시나요?
B 안녕하세요! Jack씨, 저는 Susan입니다, 만나서 기쁩니다.
A 저도 만나게 되어서 기쁩니다.
B 이것은 제 핸드폰 번호인데, 계속 연락해요.

Tip

Let's는 Let us의 줄임말이다. us는 '우리'라는 뜻을 가지므로 "우리를 ~ 하게 시키자"라는 뜻이 되고 의역하면 "우리 ~를 합시다"가 된다. 다른 사람들과 어떤 행동을 함께 하자고 할 때 자주 사용되는 표현이므로 잘 외워두면 유용하다. keep in touch는 "계속해서 연락하다"라는 뜻을 가진 숙어이다.

단어

let [렛] ~하게 하다 **introduce** [인트로듀스] 소개하다
myself [마이셀프] 나 자신 **phone number** [폰넘버] 전화번호
keep in touch [킵인터치] 계속 연락하다

아이 앰 고잉 　투 인트로듀스 　힘 　투 유.
A I am going to introduce him to you.

위 웬 　투 더 　쎄임 　컬리지.
We went to the same college.

하이! 아이브 헐드 　얼랏 　어바웃 　유.
B Hi! I've heard a lot about you.

히 　이즈 언 아널스 　스튜던트 　앤 　베리 　스마트.
A He is an honors student and very smart.

댓 　이즈 어메이징.
B That is amazing.

A 제가 그를 당신에게 소개해드릴게요. 이분은 저의 대학 동창입니다.

B 안녕하세요! 일찍이 당신에 대해 많이 들었어요.

A 그는 우리 반의 우등생이고, 박학다식하죠.

B 놀랍네요.

Tip

미국 대학은 college와 university가 있다. 보통 college는 2년제 대학을 말하고 university는 4년제 대학을 말한다. college에서 졸업을 하고 university에 3학년으로 편입을 하는 경우도 많이 있다.

단어

same [세임] 같은
amazing [어메이징] 놀라운
college [컬리지] 대학
honors student [아널스 스튜던트] 우등생
smart [스마트] 똑똑한

잇 이즈 마이 플레절 투 밋 유.
It is my pleasure to meet you.
당신을 알게 되어 기쁩니다.

관련 표현

잇 이즈 마이 아널 투 밋 유.
It is my honor to meet you.
당신을 알게 되어 영광입니다.

아이 앰 해피 투 밋 유.
I am happy to meet you.
당신을 알게 되어 기쁩니다.

+ PLUS

이츠 나이스 투 밋 유.
It's nice to meet you.
만나서 반갑습니다.

이츠 마이 플레져 투 파이널리 밋 유.
It's my pleasure to finally meet you.
드디어 당신을 알게 되니 기쁩니다.

Tip

pleasure은 기쁨이라는 뜻으로 동사 please (기쁘게 하다)에서 나온 명사이다. 어떤 일에 대해서 기쁘다는 표현을 할 때 이 단어를 주로 사용하고 영광스러운 일이 있을 때는 honor를 쓴다.

대화문 ①

미쎄스 킴, 잇 이즈 마이 플레졀 투 밋 유.
A Mrs. Kim, it is my pleasure to meet you.

미스터 리, 잇 이즈 마이 아널 투 밋 유.
B Mr. Lee, it is my honor to meet you.

디쓰 이즈 마이 비즈니스 카드. 레츠 킵 인 터치.
A This is my business card. Let's keep in touch.

슈얼. 땡스.
B Sure. Thanks.

A 김 여사님, 만나서 반갑습니다.
B 이 씨를 알 수 있게 되어서 저도 영광입니다.
A 이건 저의 명함인데 이후에 우리 계속 연락해요.
B 좋습니다. 감사합니다.

➕PLUS
컨택트 미.
Contact me.
연락하세요.

Tip

영어로 명함을 business card라고 한다. card는 이미 외래어로 많이 쓰이고 있는 단어인데 쓰임새가 다양하다. 예를 들어 신용카드는 credit card라고 하고 선불카드는 prepaid card라고 한다.

단어

pleasure [플레져] 기쁨
meet [밋] 만나다
honor [아널] 영광
business card [비즈니스 카드] 명함
sure [슈얼] 물론, 좋다

아이 앰 쏘 해피 투 밋 유.
A I am so happy to meet you.

아이 헐드 유 아 페이머스 인 아이티 필드.
I heard you are famous in IT field.

땡큐. 아이 앰 플래털드.
B Thank you. I am flattered.

아이 앰 올쏘 해피 투 밋 유.
I am also happy to meet you.

큐쥬 깁 미 유얼 비즈니스 카드?
A Could you give me your business card?

오브 콜스.
B Of course.

. . . .

A 당신을 알게 되어 기쁩니다. 일찍이 IT계에서 유명하다고 들었습니다.
B 감사합니다. 과찬이십니다. 당신을 알게 되어 저도 기쁩니다.
A 저에게 명함 한 장 주실 수 있나요?
B 물론이죠.

Tip

영어에서 "과찬이십니다"라고 말할 때 flattered라는 단어를 사용한다. 이 단어의 원래 형태는 flatter로 '아첨하다'라는 뜻을 갖고 있다. 영어에서 수동태는 be동사 + 과거분사인데 위 문장은 I의 be동사 형태인 am이 온 것이고 flatter의 과거분사인 flattered가 온 것이다. 직역을 하면 "나는 아첨을 당했다"가 되지만 의역을 해서 "과찬이십니다"가 되는 것이다.

단어

happy [해피] 행복한 **famous** [페이머스] 유명한 **field** [필드] 분야
flattered [플래털드] 우쭐하게 된 **give** [기브] 주다

디쓰 이즈 마이 프렌드.
This is my friend.
이분은 저의 친구입니다.

관련 표현

디쓰 이즈 마이 프렌드, 앤 위 웬트 투 더
This is my friend, and we went to the
쎄임 하이 스쿨.
same high school.
이분은 저의 친구이고, 저와 같은 고등학교를 다녔습니다.

디쓰 이즈 마이 코워커.
This is my coworker.
이분은 저의 직장동료입니다.

➕PLUS 아이드 라이크 유 투 밋 샘.
I'd like you to meet Sam.
인사하세요. 샘이에요.

Tip

영어로 다른 사람을 소개할 때는 This is를 사용한다. This는 '이것'이라는 뜻인데 소개할 때 쓰이면 '이분'이라는 뜻을 갖게 된다. is는 be '이다'라는 뜻을 갖고 있다.

디쓰 이즈 마이 프렌드.
A This is my friend.

렛 미 인트로듀스 유 투 이춰 아덜.
Let me introduce you to each other.

하우 롱 해브 유 노운 힘?
B How long have you known him?

어바웃 텐 이얼스.
A About 10 years.

와우! 유 투 아 올드 프렌즈.
B Wow! You two are old friends.

A 이분은 저의 친구이고, 서로 소개를 해드리겠습니다.
B 그러면 서로 아신 지 얼마나 되었나요?
A 십 년 정도 되었네요.
B 와! 두 분은 오래된 친구네요.

Tip

영어로 old는 '나이 든, 오래된' 이라는 뜻을 갖는다. 여기서 old friend는 '나이 든'이라고 해석될 수도 있지만 문맥에 맞춰 '오래된' 이라고 해석이 된 것이다. 나이에 대해 말할 때 자주 사용되는 단어이고 반의어는 young으로 '젊은'이라는 뜻을 갖는다.

단어

each other [이춰아더] 서로
how long [하우 롱] 얼마나
known [노운] (know)의 과거분사
old friend [올드 프렌드] 오래된 친구
about [어바웃] 약, 정도

아일 쇼우 유   더   픽쳘.
A I'll show you the picture.

디쓰   이즈 마이 걸프렌드.   왓   두 유   띵크?
This is my girlfriend. What do you think?

와우!   쉬   이즈 프리티.
B Wow! She is pretty.

노우. 벗 쉬   이즈 낫   배드.
A No, but she is not bad.

아이 앰 쏘 젤러쓰   옵 유.
B I am so jealous of you.

웨얼   이즈 마이 보이프렌드?
Where is my boyfriend?

A 사진 보여줄게. 내 여자친구인데 어때?
B 와! 예쁘다.
A 아니야! 그래도 나쁘진 않지.
B 정말 부럽다. 내 남자친구는 어디 있는 거야?

Tip

영어에서 미래에 대해 말할 때는 동사 앞에 조동사 will을 사용한다. 예를 들어 "나는 ~를 할 것이다" 라고 하고 싶으면 I will ~(동사) 라고 말하면 된다. 하지만 will을 축약해서 'll 이라고 쓰기도 하고 주어 바로 옆에 붙여 주면 된다.

단어

show [쇼우] 보여주다 **pretty** [프리티] 예쁜 **bad** [배드] 나쁜
jealous [젤러스] 부러운 **boyfriend** [보이프렌드] 남자친구

왓　　　이즈 유얼　　　네임?
What is your name?
이름이 어떻게 되세요?

관련 표현

익스큐즈　　미.　왓　　　숫　　　아이 콜　　유?
Excuse me. What should I call you?
실례지만, 제가 어떻게 호칭을 하면 될까요?

캔　　아이 애스크 유얼　　네임?
Can I ask your name?
성함이 어떻게 되나요?

PLUS

메이　아이 애스크 유얼　　네임?
May I ask your name?
성함을 물어봐도 될까요?

아이 고우 바이 "지미"
I go by "Jimmy".
나는 "지미"라고 불리워.

Tip

영어로 "실례합니다"를 Excuse me 라고 한다. 이 표현은 모르는 사람에게 질문을 하기 전에도 사용되지만 길을 앞질러 간다든지 민망한 상황에서도 사용된다.

왓   이즈 유얼   네임?
A **What is your name?**

아이 앰 수잔   킴.
B **I am Susan Kim.**

왓   이즈 유얼   네임?
What is your name?

마이 펄스트 네임   이즈 잭,   앤   라스트 네임   이즈 리.
A **My first name is Jack, and last name is Lee.**

잭   리,   나이스 투 밋   유.
B **Jack Lee, nice to meet you.**

A 이름이 어떻게 되시나요?
B 저는 수잔 김입니다. 이름이 어떻게 되시죠?
A 저의 이름은 잭이고 이 씨입니다.
B 잭 이 씨, 만나서 기쁩니다.

+PLUS
유   캔   콜   미   킴.
You can call me Kim.
당신은 저를 김이라고 부르면 돼요.

Tip

영어로 이름을 first name이라고 하고 성을 last name이라고 한다. 영어에서는 이름을 먼저 부르고 성을 마지막에 부르기 때문이다. 우리나라와 반대이기 때문에 헷갈릴 수 있으니 조심해야 한다.

단어

what [왓] 무엇   **first name** [펄스트네임] 이름
last name [라스트네임] 성   **nice** [나이스] 좋은

캔　아이 애스크 유얼　네임?
A Can I ask your name?

아이 앰 레이첼.　　하우　어바웃　유?
B I am Rachel. How about you?

아이 앰 제임스.
A I am James.

이츠 마이 플레졀　　투 밋　　유.
It's my pleasure to meet you.

나이스 투 밋　유　투.
B Nice to meet you, too.

아이 게쓰　위 아　고잉　　투 비 클로우즈 프렌즈.
I guess we are going to be close friends.

....

A 성함이 어떻게 되시나요?
B 저는 레이첼입니다. 당신은요?
A 저는 제임스입니다. 만나서 기쁩니다.
B 만나서 반가워요. 우리 가까운 친구가 될 것 같네요.

Tip

영어로 예상을 할 때 자주 사용하는 표현이 I guess이다. guess는 '추측하다'라는 뜻으로 "내가 추측하기로는"이라고 해석이 된다. 확실하지 않은 상황을 묘사할 때 자주 사용되는 유용한 표현이다.

단어
----

ask [애스크] 물어보다 　**how about** [하우어바웃] ~은요?
guess [게스] 예상하다
close friend [클로즈프렌드] 가까운 친구

하우　올드 아 유?
How old are you?
몇 살이니?

관련 표현

왓　이얼　월　유　본　인?
What year were you born in?
몇 년도에 태어나셨어요?

왓　이얼　아　유?
What year are you?
몇 학년이세요?

PLUS

아이 엠 인 마이 얼리/　미드/　레잇　투웬티스.
I am in my early/mid/late twenties.
저는 20대 전/중/후반이에요.

아이 엠 언덜　떨티.
I am under thirty.
저는 30대 아래입니다.

Tip

영어로 "몇 학년이세요?"를 말할 때는 old가 아닌 year을 쓴다.
year은 연도라는 뜻인데 "What year are you?"에서는 학년이라
는 의미로 쓰인다.

하우 올드 아 유?
A How old are you?

아이 앰 투웬티세븐.
B I am 27.

하우 어바웃 유?
How about you?

쎄임 에이지.
A Same age.

오! 유얼 애너멀 이얼 머스트 비 더 홀스.
B Oh! Your animal year must be the horse.

A 나이가 어떻게 되시나요?
B 저는 27입니다. 당신은요?
A 저도 같아요.
B 오! 그럼 말띠이시겠네요.

Tip

영어로 나이가 같다고 말할 때는 same age라고 한다. 여기서 same이 '같은'이라는 뜻이기 때문이다. 다른 사람이 나이를 말하고 자신도 같다고 말할 때 사용한다.

단어

old [올드] 나이가 든
age [에이지] 나이
animal year [애너멀 이얼] 띠
horse [홀스] 말

대화문 ❷

왓 이얼 워 유 본 인?
A What year were you born in?

캔 유 게쓰?
B Can you guess?

어롸운드 세븐티?
A Around 70?

두 아이 룩 댓 영?
B Do I look that young?

아이 앰 에이티 디스 이얼.
I am 80 this year.

A 몇 년도에 태어나셨어요?
B 맞춰보세요!
A 70세 정도요?
B 제가 그렇게 젊어 보이나요? 저는 올해 80입니다.

Tip

영어로 '~정도'를 around 라고 한다. 원래 around는 '~주변에'라는 뜻을 갖고 있는데 숫자와 함께 쓰이면 그 숫자 주변에 있다는 뜻이 되기 때문에 '정도'라는 의미를 갖게 되었다.

단어

born [본] 태어난
around [어라운드] 정도
year [이얼] 연도
look [룩] ~처럼 보이다
this year [디스이얼] 올해

왓츠   유얼   폰   넘버?
What's your phone number?
핸드폰 번호가 어떻게 되시나요?

관련 표현

쿠쥬   텔 미 유얼 폰   넘버?
Could you tell me your phone number?
핸드폰 번호 좀 알려주실 수 있나요?

쿠쥬   텔 미 하우 투 컨택트   유얼
Could you tell me how to contact your
컴퍼니?
company?
회사로 연락하는 방식을 저에게 알려줄 수 있나요?

PLUS
캔 아이 겟 유얼 넘버?
Can I get your number?
제가 전화번호를 받을 수 있을까요?

Tip

영어로 부탁할 때 조동사 could를 많이 쓴다. could는 '할 수 있다'
라는 뜻으로 can과 의미가 같다. 하지만 허락을 위해 사용될 때는
could가 조금 더 공손한 느낌을 가진다.

왓츠　유얼　폰　넘버?
A What's your phone number?

제로원제로 에잇에잇원 쓰리투원씩스.
B 010-881-3216.

왓　어바웃　유얼스?
What about yours?

마이 폰　넘버　이즈 제로원제로 원에잇파이브 에잇에잇원에잇.
A My phone number is 010-185-8818.

오케이. 아이 애디드　유.
B Okay. I added you.

레츠　킵　인 터취.
Let's keep in touch.

- -

A 핸드폰 번호가 어떻게 되시나요?
B 010-881-3216입니다, 당신은요?
A 제 핸드폰 번호는 010-185-8818입니다.
B 네, 추가했어요. 우리 계속 연락해요.

Tip

---

add는 영어로 '더하다'라는 뜻이다. 하지만 전화에 관련해서는 '추가하다'라는 뜻으로 사용될 수 있다. 우리나라에서 다른 사람의 연락처를 저장할 때 추가를 한다고 하는데 add가 바로 영어의 '추가하다'이다.

단어

---

phone [폰] 전화　**number** [넘버] 숫자
yours [유얼스] 너의 것
add [애드] 추가하다

A The warranty period of our product is
더 워런티 피어리어드 옵 아월 프로덕트 이즈

1 year.
원 이얼.

B If it has any quality issues,
이프 잇 해즈 에니 퀄리티 이슈즈.

I will contact the service center.
아이 윌 컨택 더 서비스 센터.

A Please call me if it has any problem.
플리즈 콜 미 이프 잇 해즈 에니 프라블럼.

B Okay. Thank you.
오케이. 땡큐.

A 저희 제품의 보증기간은 1년입니다.
B 만약에 품질에 문제가 있으면 제가 서비스센터에 연락할게요.
A 문제가 있으면 저에게 전화주세요.
B 알겠습니다. 고맙습니다.

Tip

영어로 '만약에'를 if라고 한다. if를 말하고 뒤에 문장을 말하면 '만약에 ~
이라면'이라는 뜻으로 해석된다. 아주 유용한 표현이므로 잘 외워두면 다양
한 상황에서 사용할 수 있다.

단어

warranty period [워런티피어리어드] 보증기간
product [프로덕트] 제품
issue [이슈] 문제 **quality** [퀄리티] 품질
contact [콘택트] 연락하다

하우 해브 유 빈?
How have you been?
최근에 어떻게 지냈어요?

관련 표현

왓 해브 유 빈 업 투?
What have you been up to?
요즘에 어떻게 지내요?

왓 아 유 비지 윗 나우어데이즈?
What are you busy with nowadays?
최근에 뭐가 바빠요?

PLUS

유 해븐 췌인지드.
You haven't changed.
변한 게 없네요.

이츠 빈 쏘 롱.
It's been so long.
정말 오랜만이네요.

Tip

영어로 '바쁘다'를 busy라고 한다. 여기서 주의할 점은 무엇으로 바쁜지 이야기할 때 전치사 with를 쓴다는 점이다. with를 쓰고 바쁜 것에 대해서 말하면 '~때문에 바쁘다'라는 뜻이 된다. 그래서 busy 뒤에 with가 자주 등장한다.

하우 해브 유 빈?
A How have you been?

아이 앰 비지 윗 디벨러핑 어 뉴 프로덕트.
B I am busy with developing a new product.

하우 어바웃 유?
How about you?

빙 비지 이즈 굿!
A Being busy is good!

아이 앰 낫 댓 비지.
I am not that busy.

아이 앰 젤러스 옵 유 낫 빙 비지.
B I am jealous of you not being busy.

A 요즘 어떻게 지내세요?
B 신제품 연구 개발하는 것이 있어서 요즘 정말 바빠요. 당신은요?
A 바쁘면 좋은 거죠! 전 그렇게 바쁘지는 않아요.
B 바쁘지 않으신 게 부럽습니다.

Tip

영어로 부럽다고 표현할 때 형용사 jealous를 사용할 수 있다. jealous는 원래 '질투 나는' 이라는 뜻이지만 부럽다고 말할 때도 자주 사용된다. 누가 부럽다고 말하고 싶으면 뒤에 of를 붙이고 부러운 대상을 쓰면 된다.

단어

busy [비지] 바쁜 **develop** [디벨롭] 개발하다
new [뉴] 새로운
being [빙] ~하고 있는 (be동사의 진행형)

왓　　　해브　유　빈　　　업　투?
A **What have you been up to?**

아이브 빈　　　레스팅　　　앳 홈.
B **I've been resting at home.**

아이 뤼자인드　　　라스트 먼스.
I resigned last month.

아 유　　　띵킹　　　옵 췌인징　　　좝스?
A **Are you thinking of changing jobs?**

예스, 아이 원　　　투 췌인지　　　좝스.
B **Yes, I want to change jobs.**

A 요즘에 어떻게 지내요?
B 저는 최근에 집에서 쉬고 있어요. 저번 달에 사직했거든요.
A 이직하려고요?
B 네, 이직하려고요.

Tip

영어로 '사직하다'를 resign이라고 한다. 여기서 re는 '다시'라는 뜻이고 sign은 '사인하다'라는 뜻이다. 흔히 직장에 들어갈 때 계약서에 사인을 하는데 다시 사인을 한다는 것은 회사를 나오겠다는 계약을 하는 것이기 때문에 resign이 '사직하다'가 되었다.

단어

-----

rest [레스트] 쉬다
resign [리자인] 사직하다
last month [라스트 먼스] 지난달
change [체인지] 바꾸다

만나서 반갑다고 할 때

나이스 투 씨 유.
Nice to see you.
만나서 기쁩니다.

관련 표현

롱 타임 노 씨!
Long time no see!
오래간만입니다!

나이스 투 씨 유 히얼.
Nice to see you here.
이곳에서 만나 뵐 수 있어서 기쁩니다.

PLUS

에니띵 뉴?
Anything new?
새로운 거 있어요?

아이 올모스트 디든 레코그나이즈 유!
I almost didn't recognize you!
알아보지 못할 뻔 했어요!

Tip

영어에서 오랫동안 무엇을 하지 못했다고 할 때는 long time no 동사 표현을 많이 사용한다. 여기서 long time은 '오랫동안'이라 는 뜻이고 no는 부정을 나타내서 '하지 못했다'라는 의미를 갖기 때문이다.

🅐 프레지던트 킴, 롱 타임 노 씨.
President Kim, long time no see.

나이스 투 씨 유.
Nice to see you.

🅑 위 해븐 씬 이춰 아덜 포 투 이얼스.
We haven't seen each other for 2 years.

왓 아 유 비지 윗?
What are you busy with?

🅐 아이 앰 인 더 마케팅 디파트먼트.
I am in the marketing department,

컨덕팅 마켓 리써치.
conducting market research.

유 아 쏘 프라미싱. 킵 잇 업.
🅑 **You are so promising. Keep it up.**

🅐 김 사장님, 오래간만입니다! 만나서 기쁩니다.
🅑 우리 거의 못 본지 2년이 됐네요. 요즘 뭐가 바빠요?
🅐 마케팅 부에 있고, 시장조사 업무를 하고 있어요.
🅑 장래가 촉망되네요. 계속 열심히 하세요.

Tip

영어로 '미래가 촉망되는'이라는 뜻을 가진 단어는 promising이다. 이 단어는 '약속하다'라는 뜻을 가진 promise에서 왔는데 미래가 이미 약속되어 있는 사람을 나타내기 때문에 이러한 뜻을 갖게 되었다.

단어

president [프레지던트] 사장 **marketing department** [마케팅 디파트먼트] 마케팅 부 **conduct** [컨덕트] 실행하다 **promising** [프라미싱] 미래가 촉망되는 **keep up** [킵 업] 계속하다

대화문 ②

프레지던트   킴,   나이스 투 씨 유   히얼.
A President Kim, nice to see you here.

유   머스트 비 폴.   롱   타임 노 씨.
B You must be Paul. Long time no see.

왓   아 유   두잉   히얼?
What are you doing here?

아이 앰 히얼   투 쇼우   아월 뉴   프로덕트
A I am here to show our new product

인 디   익지빗.
in the exhibit.

뤼얼리?   플리즈   쇼우   미 더   프로덕트.
B Really? Please show me the product.

A 김 사장님, 이곳에서 만나 뵐 수 있게 되어서 기쁩니다.
B 폴이시죠? 오래간만입니다. 여기서 무엇을 하나요?
A 저는 저희 신제품을 전시회에서 보여주려고 왔어요.
B 정말요? 저에게 그 신제품을 좀 보여주세요.

Tip

I am here to ~ 라고 하면 '저는 ~를 하러 왔습니다'라는 뜻이 된다. 어느 장소에 가면 무엇을 하러 왔다고 이야기해 주어야할 상황이 많기 때문에 아주 유용하게 쓸 수 있는 표현이다.

단어

must [머스트] 해야 한다, ~일 것이다
long time [롱 타임] 오랜 시간   **show** [쇼우] 보여주다
exhibit [익지빗] 전시회

이야기 많이 들었다고 할 때

아이브 헐드 얼랏 어바웃 유.

I've heard a lot about you.

예전부터 이야기 많이 들었습니다.

관련 표현

아이 헐드 유 아 프로모우티드.

I heard you are promoted.

승진했다고 들었습니다.

아이 헐드 유 아러 파더 나우.

I heard you are a father now.

이제 아빠가 되었다고 들었습니다.

PLUS

아이 헐드 유 갓 어 걸프렌드.

I heard you got a girlfriend.

여자친구가 생겼다고 들었어요.

아이 헐드 더 루멀 댓 유 갓 더 잡!

I heard the rumor that you got the job!

그 직장을 얻었다는 소문을 들었어요!

Tip

영어에서 과거를 표현하는 방법은 크게 두 가지가 있다. 하나는 단순과거이고 다른 하나는 현재완료이다. 단순과거는 단순한 과거의 사실을 말할 때 사용되고 현재완료는 과거에 일어났지만 그 일이 현재까지 영향을 끼칠 때 사용된다.
단순과거 형태: 동사의 과거형 예) hear -> heard
현재완료 형태: have + 동사의 과거분사형 hear -> have heard

A President Kim, I've heard a lot about you.

It's an honor to meet you.

B I am so flattered. I am not that famous yet.

A You are so humble. Everyone knows you

are a big shot in this field.

B Thank you for saying that.

A 김 사장님, 예전부터 이야기 들었습니다. 만나게 되어 영광입니다!

B 과찬이십니다. 아직 그렇게 유명하진 않습니다.

A 너무 겸손하시네요. 이 분야에서 대가라는 것을 누가 모르겠어요?

B 그렇게 말씀해주시니 감사합니다.

Tip

영어로 대가를 big shot이라고 한다. 원래 big은 '큰'이라는 뜻의 형용사이고 shot은 '숏'이라는 뜻인데 이 두 단어가 합쳐지면 대가라는 뜻이 된다.

단어

a lot [얼랏] 많이 **flatter** [플래털] 아첨하다
yet [옛] 아직 **humble** [험블] 겸손한
big shot [빅샷] 대가

대화문 ❷

A I've heard a lot about your work.

B I still have a lot to learn from you.

A I am too old.
It's time for your generation to take over.

B Yeah, but there's a saying
"Oldies, but goodies."

··

A 예전부터 당신의 업적에 대해 많이 들었습니다.
B 아직 당신에게 배울 것이 많습니다.
A 저는 늙어서, 이제 당신의 세대가 대체할 때죠.
B 그렇지만, 구관이 명관이란 말이 있잖아요.

Tip

take over는 '대체하다' 라는 뜻을 가지고 있다. 원래 take의 기본 뜻은 '가지고 가다'인데 over와 합쳐져서 새로운 뜻을 갖게 된 것이다. 이렇게 동사와 전치사 혹은 부사가 합쳐져서 새로운 의미의 동사로 만들어진 것을 구동사라고 한다.

단어

work [월크] 업적, 일 **still** [스틸] 여전히 **generation** [제너레이션] 세대 **take over** [테익 오버] 대체하다 **saying** [세잉] 속담

다음에 다시 만나자고 할 때

씨 유 넥스트 타임.
See you next time.
다음에 봐요.

씨 유 넥스트 위크!
See you next week!
다음 주에 봐요!

씨 유 레이럴!
See you later!
나중에 봐요!

PLUS

홉 투 씨 유 쑨.
Hope to see you soon.
곧 다시 만나길 바래요.

취얼스!
Cheers!
안녕!
(영국에서 쓰이는 단어로 '건배' '행운을 빈다' 등 다양한 의미가 있음)

Tip

영어로 헤어질 때 '안녕'이라고 말할 때는 see you를 쓴다. 다음에 보자는 뜻을 갖고 있고 주로 뒤에 다음에 만나는 때를 언급해 준다.

대화문 ❶

A 아이 띵크 디 익스프레션 아이 런드 투데이 윌
I think the expression I learned today will
비 베리 유스풀 폴 미.
be very useful for me.

B 뤼얼리? 덴, 리쓴 투 잇 오벌 앤 오벌
Really? Then, listen to it over and over
앤 프랙티스 스피킹.
and practice speaking.

A 오케이, 아이 윌 메모라이즈 디 인타이얼 텍스트.
Okay, I will memorize the entire text.

B 굿. 댓츠 잇 폴 투데이. 씨 유 넥스트 위크!
Good. That's it for today. See you next week!

A 오늘 배운 표현이 저에게 아주 유용할 것 같아요.
B 정말? 그럼 반복해서 듣고, 말하는 연습을 해봐.
A 네, 본문 다 외울게요.
B 좋아, 오늘 수업은 여기까지, 다음 주에 보자!

Tip

영어로 '표현'은 expression이다. 이 단어는 express '표현하다'에서 나왔는데 여기서 ex는 '밖으로'라는 의미를 가진 접두어이고 press는 '누르다'라는 동사이다. 마음 안에 있는 것을 밖으로 누르면 생각이나 감정을 표출하는 것이 되니 '표현하다'라는 의미가 되었다.

단어
----

expression [익스프레션] 표현 **useful** [유스풀] 유용한 **memorize** [메모라이즈] 외우다 **entire** [인타이얼] 전체의 **text** [텍스트] 본문

디쓰 커피숍 해즈 어 그뤠잇 앳모스피얼
A This coffee shop has a great atmosphere
앤 어펄스 프리 와이파이.
and offers free Wi-Fi.

덴, 레츠 스터디 히얼 오픈.
B Then, let's study here often.

그뤠잇!
A Great!

레츠 스탑 히얼 앤 콘티뉴 레이럴.
B Let's stop here and continue later.
씨 유 넥스트 타임!
See you next time!

A 이 커피숍은 분위기도 좋고, 무료 와이파이도 제공해.
B 그럼 우리 자주 여기서 공부하자.
A 좋아!
B 오늘은 여기까지 하고 나중에 계속하자. 다음에 보자!

Tip

영어로 분위기는 atmosphere이다. 이 단어는 '대기층', '환경' 등의 의미로도 사용된다. 분위기를 뜻하는 다른 단어로는 mood가 있는데 mood는 일시적인 분위기를 말할 때 자주 쓰이고 atmosphere은 일반적인 분위기를 말할 때 주로 쓰인다.

단어

coffee shop [커피숍] 커피숍   **atmosphere** [앳모스피얼] 분위기
offer [오퍼] 제공하다   **free** [프리] 자유로운, 무료의
continue [컨티뉴] 계속하다

2

감사(칭찬) 및 사과

인간관계를 맺다 보면 감사와 칭찬, 사과를 하는 경우가 많습니다.

감사와 칭찬, 사과를 하는 표현은 여러 가지가 있는데 상황에 따라 표현은 달라집니다. 다양한 표현을 통해 적절한 표현을 할 수 있습니다.

아이 앰 쏘리. 잇 윌 낫 해픈 어게인.
I am sorry. It will not happen again.
죄송합니다. 다시는 이런 일이 일어나지 않도록 하겠습니다.

관련 표현

아이 앰 쏘리. 이츠 올 마이 폴트.
I am sorry. It's all my fault.
죄송합니다. 모두 제 잘못입니다.

아이 앰 쏘 쏘리! 아이 윌 테익 케얼 옵 디쓰.
I am so sorry! I will take care of this.
정말 죄송합니다! 제가 처리하겠습니다.

PLUS

마이 디피스트 어팔러지스.
My deepest apologies.
정말 죄송합니다.

아이 오우 유 언 어팔러지.
I owe you an apology.
사과드릴 것이 있습니다.

Tip

영어로 잘못했다고 말할 때는 I am sorry를 사용한다. 이 표현은
사과할 때도 쓰이지만 상대방에게 방금 한 말을 다시 말해달라고
할 때도 사용된다. 간단하게 sorry만 말해도 상관없다.

아이 앰 쏘 쏘리.　이츠 올 마이 폴트.
A I am so sorry. It's all my fault.

댓츠　파인. 이츠 낫　어 빅　딜.
B That's fine. It's not a big deal.

아이 앰 어 빗　헤이스티.
A I am a bit hasty.

아이 언덜스탠드.
B I understand.

아이 썸타임즈　메이크　미스테익스　투.
I sometimes make mistakes, too.

A 죄송합니다. 모두가 제 잘못입니다.
B 괜찮아요. 큰일 아닙니다.
A 제 성격이 좀 급해서요.
B 이해합니다. 저도 실수를 할 때가 있어요.

Tip

deal은 기본적으로 거래라는 뜻을 갖고 있다. 하지만 문맥에 따라서 대우, 널빤지 등의 다양한 의미를 가질 수 있는데 위에서는 중대하거나 많지 않음을 나타내는 단어로 쓰였다. big deal은 '큰일'이라는 뜻으로 자주 사용된다.

단어

fault [폴트] 잘못
hasty [헤이스티] 급한
understand [언덜스탠드] 이해하다
sometimes [썸타임즈] 가끔씩
mistake [미스테이크] 실수

아이 앰 쏘 쏘리.   아이 윌 테익   케얼   옵 디쓰.
A **I am so sorry. I will take care of this.**

하우   메니   타임즈 해브   유   메이드 더   쎄임
B **How many times have you made the same**

미스테이크?
mistake?

잇 워운트   해픈   어게인.
A **It won't happen again.**

오케이. 아이 트러스트 유.
B **Okay. I trust you.**

- -

A 정말 죄송합니다! 제가 처리하겠습니다.
B 몇 번이나 같은 실수한 건가요?
A 다시는 이런 일이 일어나지 않을 것입니다.
B 알겠습니다. 당신을 믿습니다.

Tip

한국말에서는 '믿다'와 '신뢰하다'가 함께 사용되는 경우가 많다. 하지만 영어에는 이 두 단어가 확실히 다른데 우선 '믿다'는 believe라고 하고 그 순간에 믿는다는 것을 의미한다. '신뢰하다'는 trust라고 하는데 일반적으로 그 사람이 믿을만할 때 사용된다.

단어

take care of [테익 케얼 오브] ~를 처리하다
won't [워운트] ~하지 않을 것이다 (will not의 축약형)
happen [해픈] 일어나다
again [어게인] 다시

댓츠   파인.   저스트   비   케어풀   넥스트   타임.
That's fine. Just be careful next time.
괜찮아요. 다음부터 주의하세요.

관련 표현

노   워리스.   이츠   나띵.
No worries. It's nothing.
걱정 말아요. 이건 아무것도 아니에요.

아이 억쎕   유얼   어팔러지.
I accept your apology.
당신의 사과를 받아들이겠습니다.

PLUS

어팔러지   억쎕티드.
Apology accepted.
사과 받아들이겠습니다.

이츠 낫   어빅   딜.
It's not a big deal.
별 일 아니에요. (괜찮아요)

Tip

영어로 '받다'를 accept라고 하는데 사과를 받을 때도 이 동사가
사용된다. 이렇게 한국어와 영어의 단어 배합이 비슷한 경우가 많이
있는데 이런 경우에는 한국어와 비교하면서 외우면 쉽다.

대화문 ①

아이 앰 쏘 쏘리.
A I am so sorry.

아이 돈 노우 왓 투 쎄이.
I don't know what to say.

댓츠 파인. 저스트 비 케어풀 넥스트 타임.
B That's fine. Just be careful next time.

오케이.
A Okay.

아이 윌 트라이 투 비 모얼 커시어스 프럼 나우 온.
I will try to be more cautious from now on.

아이 해브 페이스 인 유.
B I have faith in you.

A 정말 죄송합니다. 뭐라고 말해야 할지 모르겠네요.
B 괜찮아요. 다음부터 주의하세요.
A 네. 앞으로 더 신중하도록 하겠습니다.
B 믿고 있어요.

(Tip)

영어로 '~할 무엇'이라고 말하고 싶으면 what to ~를 사용한다. 예를 들어 what to eat 이라고 하면 '먹을 무엇', what to buy라고 하면 '살 무엇'이라는 뜻이 된다.

(단어)

------

sorry [쏘리] 미안한 **careful** [케어풀] 신중한
next time [넥스트 타임] 다음에 **cautious** [커시어스] 주의 깊은
faith [페이스] 믿음

아이 어팔러자이즈 프럼 더 바텀 옵 마이 헐트.
A I apologize from the bottom of my heart.

노우 원 이즈 펄펙트.
B No one is perfect.

땡큐 포 유얼 언덜스탠딩.
A Thank you for your understanding.

노 워리스. 이츠 나띵.
B No worries. It's nothing.

A 제가 정중하게 여러분에게 사과 드립니다.
B 어떤 사람이 완벽하겠어요?
A 이해해주셔서 감사합니다.
B 걱정 말아요. 이건 아무것도 아니에요.

+PLUS
하우 제너러스 유 아. 땡큐!
How generous you are. Thank you!
정말 관대하세요. 감사합니다!

Tip

영어로 걱정하지 말라는 표현을 No worries라고 한다. 여기서 worries는 '걱정'이라는 뜻인 worry의 복수이다. No가 부정을 뜻하는 단어인데 함께 쓰이면 '걱정이 없다' 혹은 '걱정하지 말아라'라고 해석이 된다.

단어

apologize [어팔러자이즈] 사과하다
bottom [바텀] 바닥
heart [하트] 마음, 심장
perfect [펄펙트] 완벽한
nothing [낫띵] 아무것도 아닌

땡큐　　　　　　포　헬핑　　　　미.
Thank you for helping me.
저를 도와주셔서 감사합니다.

땡큐　　　　　　쏘 머치　　포　유얼　　써폴트.
Thank you so much for your support.
당신의 지지에 대해 정말 감사 드립니다.

땡큐　　　　　올웨이즈　　포　유얼　　　케얼.
Thank you always for your care.
항상 당신의 돌봄에 감사 드립니다.

PLUS

아이 오우 유　　　원.
I owe you one.
제가 빚을 졌네요.

유　아　러 그뤠잇　휴먼　　　비잉.
You are a great human being.
당신은 정말 좋은 사람입니다.

Tip

영어로 '지지하다'를 support라고 한다. 이 단어는 sub과 port가 합쳐진 단어인데 sub은 '아래'라는 의미를 가진 접두어이고 port 는 '운송, 운반하다'라는 뜻이다. 아래서부터 운송하는 것을 상상하 면 들어올리고 지지하는 것이 연상되므로 이러한 뜻을 갖게 되었다.

땡큐   포 헬핑   미 윗   디 인터뷰.
A Thank you for helping me with the interview.

유   아   웰컴.   위   아   프렌즈.
B You are welcome. We are friends.

아   유   프리   디쓰 위켄드?
A Are you free this weekend?

아이드 라이크 투 트릿   유   투 썸띵   나이스.
I'd like to treat you to something nice.

댓츠   파인. 레츠   저스트 고우 하이킹.
B That's fine. Let's just go hiking.

A 이번 면접에서 도움 주셔서 감사 드립니다.
B 천만에요. 우리는 친구인데요!
A 이번 주말에 시간되시나요? 제가 근사한 것을 대접하고 싶습니다.
B 괜찮아요. 우리 하이킹이나 가요.

Tip --

영어로 free는 '자유로운'이라는 뜻을 갖고 있다. 하지만 자유롭다는 것은 시간이 있어서 자유로운 활동을 할 수 있다는 것도 의미하기 때문에 '시간이 있다'라고 해석되는 경우도 많이 있다.

단어 --

interview [인터뷰] 인터뷰
free [프리] 시간이 있는, 자유로운
treat [트릿] 대접하다
hiking [하이킹] 하이킹하다

땡큐   쏘 머치   포 유어   써포트.
A Thank you so much for your support.

컴온.   위 아   프렌즈.
B Come on. We are friends.

레츠   그랩   어 컵   옵 커피   애프터 월크.
A Let's grab a cup of coffee after work.

그뤠잇!
B Great!

A 당신의 지지에 감사 드립니다.
B 아니에요. 우리는 친구인데요.
A 오늘 퇴근하면 우리 같이 커피 마셔요.
B 좋아요!

➕PLUS 두 유 노우   에니 디쎈트   카페?
Do you know any decent café?
괜찮은 카페 아는 곳 있나요?

Tip

grab은 기본적으로 '잡다'라는 뜻을 갖고 있다. 하지만 위의 경우처럼 커피와 함께 사용되면 '마시다'라는 뜻이 된다. 커피나 차를 마시자고 할 때 자주 사용되는 동사이므로 기억해서 사용해 보도록 하자.

단어

support [서포트] 지지(하다)
come on [컴온] 제발, 괜찮다
grab [그랩] 잡다, 마시다
cup [컵] 컵
after work [애프터 월크] 퇴근 후

땡큐　　　　　　포　피킹　　　　미　업.
Thank you for picking me up.
마중 나와 주셔서 감사합니다.

땡큐　　　　　　포　커밍　　　올　더　웨이　투
Thank you for coming all the way to
디　에어포트　　투　픽　　미　업.
the airport to pick me up.
공항에 마중 나와 주셔서 감사합니다.

땡큐　　　　　　포　커밍　　　올　더　웨이　투
Thank you for coming all the way to
더　스테이션　　투　픽　　미　업.
the station to pick me up.
역으로 마중 나와 주셔서 감사합니다.

Tip

영어로 pick up이라고 하면 '줍다'라는 뜻이다. 하지만 사람을 pick up한다고 하면 '차를 타고 가서 그 사람을 태운다'라는 의미가 된다. 누구에게 차를 태워줄 때 가장 많이 쓰이는 표현 중 하나이다.

헬로우! 이즈 디쓰 제인?
A Hello! Is this Jane?

아이 앰 폴. 웨얼 아 유?
I am Paul. Where are you?

아이 앰 앳 익짓 투 옵 더 스테이션.
B I am at exit 2 of the station.

오케이. 아이 윌 비 데얼 쑨.
A Okay. I will be there soon.

폴, 아이 앰 히얼.
B Paul, I am here.

땡큐 포 피킹 미 업.
Thank you for picking me up.

- -

A 여보세요! 제인이야? 나 폴인데, 어디에 있어?
B 나 지하철 2번 출구에 있어.
A 응, 내가 곧 그쪽으로 갈게.
B 폴, 나 여기 있어. 마중 나와서 고마워.

+PLUS 아 위 인 더 쎄임 스테이션?
Are we in the same station?
우리 같은 역에 있는 건가요?

Tip

영어로 역을 station이라고 한다. 이 단어는 원래 '서다', '위치하다'의 의미를 갖고 있는 stand에서 나왔다. 기차나 지하철 역을 나타낼 때 사용하는 말이고 버스 정거장은 bus stop이라고 한다.

단어
----

exit [익짓] 출구   **station** [스테이션] 역
there [데얼] 거기, 저기   **pick up** [픽업] 태우러 가다

제인. 아이 앰 앳 디 에어포트.
A Jane, I am at the airport.

쿠쥬 픽 미 업?
Could you pick me up?

아이 쿠드, 벗 유 해브 투 웨잇 포 투 아월스.
B I could, but you have to wait for 2 hours.

댓츠 파인. 저스트 컴.
A That's fine. Just come.

오케이. 씨 유 쑨!
B Okay. See you soon!

....

A 제인, 지금 공항에 있는데 차 가지고 마중 나올 수 있어?
B 마중은 나갈 수 있는데, 두 시간 정도 기다려야 돼.
A 괜찮아, 오기만 하면 돼.
B 좋아. 좀 있다가 보자!

Tip --

영어에서 '기다리다'라고 할 때는 wait을 쓴다. 그런데 얼마나 기다리는지 말하고 싶으면 wait 뒤에 for를 써 주어야 한다. for가 '~동안'이라는 뜻을 갖고 있기 때문이다. 또한 무엇을 기다리고 있다고 말하고 싶을 때도 for를 쓴다. 예) I waited for him for 2 hours. 나는 그를 2시간 동안 기다렸다.

단어 --

airport [에어포트] 공항
wait [웨잇] 기다리다
hour [아월] 시간
soon [쑨] 곧

배웅해주는 것에 대해 감사할 때

땡큐　　　　　　포　씨잉　　미　오프.
Thank you for seeing me off.
배웅해주셔서 감사합니다.

관련 표현

땡큐　　　　　　포　씨잉　　미　오프 앳 디
Thank you for seeing me off at the
에어포트.
airport.
공항까지 배웅해주셔서 감사합니다.

땡큐　　　　　　포　씨잉　　미　오프 앳 더
Thank you for seeing me off at the
스테이션.
station.
역까지 배웅해주셔서 감사합니다.

PLUS

아이 앰 온 스케줄　　　땡스　　투 유.
I am on schedule thanks to you.
당신 덕분에 스케줄에 맞췄어요.

Tip

영어에서 '배웅하다'를 see off라고 한다. see는 원래 '보다'라는 뜻이고 off는 '떨어지다'라는 뜻이다. 누군가 자신에게서 떨어지는 것을 보는 것이니 '배웅하다'라는 의미가 된다.

이츠 투　레잇. 아이 슛　　고우 나우.
A **It's too late. I should go now.**

렛　미　드라이브 유　투 더　스테이션.
B **Let me drive you to the station.**

땡큐　　　포 씨잉　미 오프 앳 더　스테이션.
A **Thank you for seeing me off at the station.**

컴　　투 비짓 미　오픈.
B **Come to visit me often.**

A 시간이 늦었네요. 저는 지금 가야겠어요.
B 제가 전철역까지 태워드릴게요.
A 배웅해주셔서 감사합니다.
B 자주 놀러 오세요.

PLUS　유　니드　투 리브　나우 투 어보이드 트래픽.
We need to leave now to avoid traffic.
교통체증을 피하려면 지금 떠나야 해요.

Tip

영어에서 drive는 '운전하다'라는 뜻을 가지고 있지만 '누군가를 태워주다' 라는 뜻도 가지고 있다. drive 뒤에 목적어가 없으면 혼자 운전하는 것이고 목적어가 있으면 태워주는 것이다.

단어

late [레잇] 늦은
should [슈드] ~해야 한다
drive [드라이브] 운전하다
visit [비짓] 방문하다
often [오픈] 자주

A 땡큐   포 해빙   미!
A Thank you for having me!

이츠 레잇. 아이 슛   고우 나우.
It's late. I should go now.

렛 미 씨 유   오프.
B Let me see you off.

댓츠   파인.
A That's fine.

오케이.   드라이브 쎄이플리.
B Okay. Drive safely.

• •

A 초대에 감사 드립니다! 늦었으니, 이제 저는 가봐야겠습니다.
B 그럼 제가 배웅해드릴게요.
A 괜찮아요.
B 알겠어요. 조심해서 운전하세요.

+PLUS 유   니드 투 테익   어 숄트   컷.
You need take a short cut.
당신은 지름길로 가야 해요.

Tip --

have는 기본적으로 '가지고 있다'라는 뜻을 가지고 있지만 상황에 따라 다양하게 해석될 수 있다. 위의 상황처럼 초대를 받았을 때 쓰면 '나를 이곳에 있게 해 줘서 고맙다'라는 뜻이 되는데 의역해서 '초대하다'의 뜻이 된다.

단어 --

have someone [해브 썸원] 초대하다   **now** [나우] 지금
see off [씨 오프] 배웅하다
safely [세이플리] 안전하게

선물을 준 것에 대해 감사 표시할 때

땡큐　　　　　포　더　　기프트.
Thank you for the gift.
선물 감사 드립니다.

관련 표현

땡큐　　　　　포　유어　　헬프.
Thank you for your help.
도움에 감사 드립니다.

아이 캔트　　땡큐　　　　　　이너프.
I can't thank you enough.
어떻게 감사해야 할지 모르겠네요.

PLUS

하우　디쥬　　　노우?
How did you know?
어떻게 알았어요?(제가 이것을 원하는지)

아이 니디드　　어 캔들!
I needed a candle!
양초가 필요했어요!(선물이 양초일 경우)

Tip

enough는 '충분한'이라는 뜻을 갖고 있다. 위의 표현처럼 can't thank you와 함께 쓰이면 '충분히 감사할 수 없다'라는 뜻이 되지만 의역해서 '어떻게 감사해야 할지 모르겠다'라는 뜻이 됐다. Thank you보다 강하게 감사를 표현하고 싶을 때 자주 사용되는 표현이다.

대화문 ①

A 땡큐　　　　 포　 커밍　　　 투 마이 벌스데이　　 파티.
A Thank you for coming to my birthday party.

디쓰　 이즈 마이 기프트 포　 유.
B This is my gift for you.

땡큐　　　　 포　 더　　 기프트.
A Thank you for the gift.

유　 아　 웰컴.　　　　 해피　　　 벌스데이!
B You are welcome. Happy birthday!

A 저의 생일 파티에 참석해주셔서 감사 드립니다.
B 이건 제가 드리는 선물입니다.
A 선물 감사 드립니다.
B 천만에요. 생일 축하드려요!

PLUS
디쓰　 이즈 더　 베스트　 기프트 에벌.
This is the best gift ever.
최고의 선물이에요.

Tip

영어로 생일을 birthday라고 한다. 이 단어는 '탄생'이라는 뜻의 birth와 '날'을 뜻하는 day가 합쳐져서 만들어졌다. 우리나라에서는 특별한 날을 말할 때 뒤에 '날'을 붙이지만 영어에서는 이렇게 day를 붙여서 표현한다. 대표적인 예로 Thanksgiving day '추수감사절'이 있다.

단어

birthday [벌스데이] 생일
party [파티] 파티
gift [기프트] 선물
welcome [웰컴] 환영하다

땡큐   포 커밍   투 마이 벌스데이   파티.

A Thank you for coming to my birthday party.

디쓰 이즈 포 유.

B This is for you.

와우! 디쓰 이즈 쏘 뷰티풀!   아이 뤼얼리 라이크 잇.

A Wow! This is so beautiful! I really like it.

해피   벌스데이!

B Happy birthday!

A 저의 생일 파티에 참석해 주셔서 감사 드립니다.
B 이것은 당신을 위한 것이에요.
A 와! 정말 예뻐요! 저 정말 좋아요.
B 생일 축하해요!

PLUS 유   뤼멤벌드!
You remembered!
기억했군요!(전에 언급한 선물을 받았을 때)

Tip

영어권 나라 사람들은 우리나라 사람들보다 감정표현을 잘 한다. 그래서 감탄사를 자주 사용하는데 대표적인 감탄사가 바로 Wow이다. 이 표현은 주로 놀랐을 때 사용하고 이러한 감탄사를 사용할 때는 감정을 실어서 말을 하는 것이 중요하다.

단어

This is for [디쓰 이즈 포] ~를 위한 것이다
so [쏘] 정말로
beautiful [뷰티풀] 아름다운
really [뤼얼리] 매우, 정말

누군가가 칭찬할 때
겸손하게 말할 때

아이 앰 플래털드.
I am flattered.
과찬이십니다.

아이 앰 아널드.
I am honored.
영광입니다.

댓츠 써치 어 나이스 띵 투 쎄이.
That's such a nice thing to say.
그렇게 말씀해 주시니 정말 감사합니다.

➕PLUS

씬씨어리티 이즈 더 하이스트 컴플리먼트 유 캔
Sincerity is the highest compliment you can
페이.
pay.
진실함이 당신이 줄 수 있는 최고의 칭찬입니다.

🚩Tip

영어로 flatter은 '아첨하다'라는 뜻이고 부정적인 의미를 갖고 있다. 하지만 이 표현을 수동태로 써서 '아첨 당하다'라고도 쓸 수 있는데 이 표현을 한국어로 의역하면 '과찬이십니다'가 된다. 누구에게 칭찬을 받았을 때 주로 사용하고 이 때는 부정적인 의미가 없어진다.

하우 롱 해브 유 런드 잉글리쉬?
A How long have you learned English?

어바웃 어 이얼.
B About a year.

유얼 프로넌시에이션 이즈 뤼얼리 굿!
A Your pronunciation is really good!

아이 앰 플래털드.
B I am flattered.

A 영어 얼마나 배우셨어요?
B 저는 1년 정도 배웠습니다.
A 발음이 정말 좋으세요!
B 과찬이십니다.

➕PLUS
컴 온
Come on.
아니에요.
(Come on은 '제발' '도전해라' 등 상황에 따라서 다양한 뜻이 있다)

Tip -

영어로 about은 '~에 대한'이라는 뜻이다. 하지만 뒤에 숫자가 나오면 '~ 정도'라는 뜻이 된다. 사실 about을 가장 잘 표현하는 뜻은 '~주위에'이다. 어떤 것 주위에 있으면 그것에 대한 것이고 어떤 숫자 주위에 있으면 그 숫자 정도가 되기 때문이다. 이렇게 영어 단어들은 한 뜻에서 여러 가지 뜻으로 확장된 경우가 많다.

단어 -

learn [런] 배우다 **English** [잉글리쉬] 영어
a year [어 이얼] 1년 **pronunciation** [프로넌시에이션] 발음

대화문 ②

하우 롱 해브 유 스터디드 잉글리쉬?
A How long have you studied English?

어롸운드 투 이얼즈.
B Around two years.

유얼 프로넌시에이션 앤 인토네이션 아
A Your pronunciation and intonation are

보쓰 네이티브-라이크.
both native-like.

뤼얼리? 땡큐 쏘 머치.
B Really? Thank you so much.

....

A 영어 얼마나 공부하셨어요?
B 저는 대략 2년 정도 배웠어요.
A 발음, 억양 다 원어민 같습니다.
B 정말요? 감사합니다.

＋PLUS
아이 쏘우트 유 월 본 인 더 유에스.
I thought you were born in the US.
미국에서 태어나신 줄 알았어요.

Tip

영어로 발음을 pronunciation이라고 한다. 하지만 intonation도 발음을 의미하는데 조금 다른 뉘앙스를 갖고 있다. pronunciation은 주로 단어를 잘 발음하는가에 대한 것이고 intonation은 말할 때 문장의 굴곡이 자연스러운가에 대한 것이다. 영어는 한국어와 다르게 높낮이가 확실하기 때문이다. intonation의 tone이 바로 높낮이(톤)를 뜻한다.

단어

study [스터디] 공부하다 **intonation** [인토네이션] 억양
both [보쓰] 둘 다 **native-like** [네이티브라이크] 원어민 같은

18 칭찬을 할 때

댓츠　　　그뤠잇!
That's great!
정말 대단합니다!

관련 표현

댓츠　　　어메이징!
That's amazing!
정말 놀랍습니다!

유　　아　　두잉　　그뤠잇.
You are doing great.
요즘 잘하고 있어요.

PLUS

아이 빌리브　　인 유.
I believed in you.
당신을 믿어요.

유　　디절브　　　잇.
You deserve it.
당신은 그럴 자격이 있어요.

Tip

great의 기본 뜻은 '훌륭한'이고 형용사이다. 그래서 주로 명사를 꾸미는 역할을 한다. 하지만 부사로 쓰일 때도 있는데 그 때는 '훌륭하게', '잘'이라는 뜻으로 해석이 된다. 이렇게 영어에서는 여러 가지 품사를 동시에 갖고 있는 단어들이 있다.

콩그래츌레이션스. 유 원 펄스트 프라이즈 어게인.
A **Congratulations. You won first prize again.**

댓츠 어메이징!
That's amazing!

이츠 올 땡스 투 유.
B **It's all thanks to you.**

그뤠잇! 비 험블 앤 킵 잇 업.
A **Great! Be humble and keep it up.**

오케이. 아이 윌 두 댓.
B **Okay. I will do that.**

A 또 1등을 한 것을 축하해! 정말 놀라워!
B 당신의 도움 덕분이에요.
A 좋아! 겸손하게 계속 그렇게 해.
B 네, 그렇게 하겠습니다.

➕PLUS 킵 업 더 굿 월크.
Keep up the good work.
계속 열심히 하세요.

Tip -----------------------------------

영어로 '겸손한'을 humble이라고 한다. 이 단어는 라틴어 humus에서 유래
되었는데 원래 '땅'이라는 뜻을 갖고 후에 '낮다'라는 뜻을 갖게 되었으며 영
어로 왔을 때는 '겸손한'이라는 뜻이 되었다.

단어 -----------------------------------

congratulations [콩그레츌레이션스] 축하하다
won [원] 이겼다, 얻었다 **first prize** [펄스트 프라이즈] 1등 상
humble [험블] 겸손한 **keep it up** [킵 잇 업] 계속해

A You are doing great. I am so proud of you.

유 아 두잉 그뤠잇. 아이 앰 쏘 프라우드 옵 유.

B Really?

뤼얼리?

A Your contribution to our team is

유얼 컨트리뷰션 투 아월 팀 이즈

essential to us.

이쎈셜 투 어스.

B Thank you for the compliment.

땡큐 포 더 컴플리먼트.

A 요즘 잘하고 있어. 네가 자랑스러워.
B 정말요?
A 우리 팀에 대한 너의 공헌은 필수적이야.
B 칭찬 감사합니다.

Tip

영어로 '감사하다'는 Thank you이다. 무엇 때문에 감사하다고 말을 하고 싶을 때는 뒤에 for를 붙여주면 되는데 이 때 for는 '~때문에'라는 뜻을 갖는다. 비슷한 경우가 '죄송합니다'인 I am sorry인데 무엇 때문에 미안하다고 말을 하고 싶으면 똑같이 뒤에 for를 붙여주면 된다.

단어

proud [프라우드] 자랑스러운
contribution [컨트리뷰션] 공헌, 기여
essential [이쎈셜] 필수적인
compliment [컴플리먼트] 칭찬

19 | 서비스에 대해 감사 표시할 때

땡큐   포   유얼   서비스.

Thank you for your service.
당신의 서비스에 감사 드립니다.

관련 표현

땡큐   포   유얼   인커리지먼트.

Thank you for your encouragement.
당신의 격려에 감사 드립니다.

땡큐   포   언덜스탠딩   마이

Thank you for understanding my
씨츄에이션!

situation!
제 상황을 이해해 주셔서 감사 드립니다!

PLUS

베스트   서비스   인 더   월드.

Best service in the world.
세계 최고의 서비스예요.

Tip

영어로 격려를 encouragement라고 한다. 여기서 courage는 '용기'라는 뜻인데 접두어 en은 명사를 동사로 만드는 습성이 있기 때문에 합쳐져서 '용기를 주다', '격려하다'라는 뜻이 되고 (encourage: 격려하다) 동사를 명사로 바꾸는 접미어 -ment가 붙어서 '격려'라는 단어가 된 것이다.

아이드 라이크 투 체크 아웃.
A I'd like to check out.

오케이. 땡큐 포 유징 아월 호텔.
B Okay. Thank you for using our hotel.

땡큐 포 유얼 서비스.
A Thank you for your service.

이츠 마이 플레졀.
B It's my pleasure.

A 체크아웃을 하고 싶습니다.
B 네, 저희 호텔을 사용해 주셔서 감사합니다.
A 서비스에 감사 드립니다.
B 저의 기쁨입니다.

✚PLUS 유 머스트 해브 어 랏 옵 커스터멀스.
You must have a lot of customers.
고객이 많으시겠어요.

Tip
영어로 무엇을 하고 싶다고 말할 때 자주 쓰는 표현이 I'd like to 이다. 이 표현은 I would like to의 축약형인데 would like to가 '~을 하고 싶다'라는 뜻이기 때문이다. 원하는 것을 말할 때 자주 사용되는 표현이므로 외워 두면 유용하게 쓸 수 있다.

단어
check [체크] 점검하다
check out [체크 아웃] 체크아웃 하다
use [유즈] 사용하다
hotel [호텔] 호텔
service [서비스] 서비스

대화문 ❷

아이드 라이크 투 체크   아웃. 히얼   이즈 더 룸   키.
A I'd like to check out. Here is the room key.

오케이. 아 유   쌔티스파이드 윗   아월 서비스?
B Okay. Are you satisfied with our service?

예스! 펄펙트   퍼씰리티. 그뤠잇   서비스.
A Yes! Perfect facility, great service.

아이 앰 쏘 쌔티스파이드.
I am so satisfied.

땡큐!
B Thank you!

- A 체크아웃하고 싶습니다. 여기 방 열쇠가 있습니다.
- B 네, 저희 서비스에 만족하시나요?
- A 네! 시설도 완벽하고, 서비스도 좋았어요. 만족합니다.
- B 감사합니다!

+PLUS
아이 가러   브래그   어바웃   디쓰   플레이스.
I gotta brag about this place.
이 장소에 대해 자랑하겠습니다.

Tip

영어로 check out이라고 하면 '호텔 방을 빼다' 라는 뜻이다. 이 표현은 이미 외래어로 많이 쓰이고 있는 표현으로 영어에서 온 표현이다. 반대로 호텔 방을 예약해서 들어가는 것은 check in이라고 한다.

단어

key [키] 열쇠, 해결책
room key [룸키] 방 열쇠
facility [퍼씰리티] 시설
satisfied [쎄티스파이드] 만족한

콩그래츌레이션스,
Congratulations,

아이 윌 트릿 유 투 썸띵 나이스.
I will treat you to something nice.
축하해요, 제가 근사한 식사 대접할게요.

관련 표현

콩그래츌레이션스,
Congratulations,

아이 헐드 유 워 프로모우티드.
I heard you were promoted.
축하합니다, 승진했다고 들었어요.

콩그래츌레이션스,
Congratulations,

아이 헐드 유 아 게링 메리드.
I heard you are getting married.
축하해요, 결혼한다고 들었어요.

Tip

treat은 '대하다' 혹은 '다루다'라는 뜻이다. 하지만 위의 표현처럼 뒤에 사람을 쓰고 먹는 것을 쓰면 그 사람에게 먹을 것을 대접하겠다는 뜻이 된다. 외국 친구들과 있을 때 자주 쓰는 표현이니 외워두면 유용하게 쓸 수 있다.

아이 앰 게링 메리드 넥스트 먼스.
A I am getting married next month.

콩그래츌레이션스,
B Congratulations,

아이 윌 트릿 유 투 썸띵 나이스.
I will treat you to something nice.

댓츠 파인. 저스트 컴 투 더 웨딩.
A That's fine. Just come to the wedding.

댓츠 이너프.
That's enough.

아이 앰 유어 올드 프렌드. 아이 숫 비 데얼.
B I am your old friend. I should be there.

A 저 다음 달에 결혼해요.
B 축하해요, 제가 근사한 식사 대접할게요.
A 괜찮아요. 결혼식에 참석해주시는 것으로 충분해요.
B 오랜 친구인데 당연히 참석해야지요.

Tip

영어로 '결혼한다'를 get married라고 한다. 이 표현은 '~와 결혼하다'라는 marry라는 단어에서 나왔다. 누구와 결혼하는지 말을 하고 싶으면 이 단어를 그대로 쓰면 되지만 그냥 결혼한다는 사실만 말할 때는 수동태 형태인 get married라고 해야 한다. 여기서 get은 수동태를 만드는 역할을 한다.

단어

---

married [매리드] 결혼한 **wedding** [웨딩] 결혼식
wedding ring [웨딩 링] 결혼 반지 **enough** [이너프] 충분한

콩그래츌레이션스,
A Congratulations,

아이 윌 트릿 유 투 썸띵 나이스.
I will treat you to something nice.

아이 앰 디 원 후 슛 트릿 유.
B I am the one who should treat you.

레츠 해브 어 쥬링크 디쓰 이브닝.
Let's have a drink this evening.

나우, 유 해브 어 키드.
A Now, you have a kid.

유 머스트 해브 얼랏 옵 뤼스판써빌리티.
You must have a lot of responsibility.

유 아 롸잇.
B You are right.

A 축하해요, 제가 근사한 식사 대접할게요.
B 제가 대접해 드려야죠. 오늘 저녁에 술 한잔해요.
A 아이가 있으니 책임감이 크시겠네요.
B 맞아요.

Tip

영어에서 '지금'을 뜻하는 단어는 now이다. 그런데 이 단어를 쓰고 바로 문장을 쓰면 '이제 ~하니'라는 뜻이 된다. 예를 들어 Now, I am here 이라고 하면 '이제 내가 여기 있으니' 라는 뜻이 되는 것이다.

단어

drink [드링크] 마실 것 **this evening** [디쓰 이브닝] 오늘 저녁
kid [키드] 아이 **responsibility** [뤼스판써빌리티] 책임감
right [롸잇] 오른쪽, 바른, 맞는

관계

사람은 누구나 사람들과 관계를 맺으면서 살아갑니다.

사람들과 관계를 맺을 때 필요한 표현들을 정리했습니다. 서로를 알아가는 과정을 통해서 관계가 형성되고, 그 형성된 관계를 통해서 서로를 이해하고, 존중하고, 배려할 수 있지 않을까 생각합니다.

하우즈　　유얼　　월크?
How's your work?
하시는 일은 잘 되시나요?

관련 표현

하우　워즈　유얼　트래블?
How was your travel?
이번 여행 어땠어요?

하우즈　　유얼　　웨딩　　　프레퍼레이션
How's your wedding preparation
고잉?
going?
결혼 준비 잘 되고 있나요?

PLUS
디쥬　　메익　잇?
Did you make it?
하던 일을 성공했나요?

Tip

영어로 안부를 물을 때 가장 자주 쓰는 표현이 How's 이다. 이 표현은 How is 혹은 How was 의 축약형인데 How is는 현재 How was는 과거를 나타낸다. How's를 쓰고 뒤에 궁금한 것을 쓰면 그것이 어떻게 되고 있냐는 뜻이 된다.

하우즈 유얼 월크 고잉 나우어데이즈?
A How's your work going nowadays?

저스트 쏘-쏘.
B Just so-so.

이즈 데얼 에니띵 뤙?
A Is there anything wrong?

아이 돈 띵크 아이 라이크 디쓰 좝.
B I don't think I like this job.

A 요즘 하시는 일은 잘 되시나요?
B 그냥 그렇지요.
A 무슨 문제 있어요?
B 제가 이 일을 좋아하지 않는 것 같아요.

PLUS
유 캔 톡 어바웃 에니띵 투 미.
You can talk about anything to me.
저에게 무슨 말이든 하셔도 돼요.

Tip

Nowadays는 요즘이라는 뜻이다. 이 표현은 now와 days가 합쳐진 표현이다. Now는 바로 지금을 뜻하는 반면 Nowadays는 지금을 포함한 지난 며칠을 의미한다.

단어

nowadays [나우어데이즈] 요즘
so so [쏘쏘] 그저 그런
wrong [뤙] 잘못된
job [좝] 직업, 일

이즈 유얼 월크 고잉 웰?
A Is your work going well?

낫 굿.
B Not good.

와이?
A Why?

아이 돈 띵크 아이 앰 수터블 포 디쓰 필드.
B I don't think I am suitable for this field.

A 하시는 일은 순조롭죠?
B 좋지 않아요.
A 왜요?
B 제가 이 분야에 맞지 않는 것 같아요.

+PLUS
이츠 어 버멀 유 돈 라이크 잇.
It's a bummer you don't like it.
그것이 좋지 않다니 아쉽네요.

Tip

영어에서 go의 기본 뜻은 '가다'이지만 '진행되다'라는 뜻도 가지고 있다. 우리나라에도 어떤 일이 잘 되고 있을 때 '잘 되어가고 있다'고 말한다. 우리도 '가다'가 '진행되다'라는 뜻이 있는 것이다. 이렇게 단어의 뜻은 대부분의 언어가 비슷하게 확장이 된다.

단어

go [고우] 진행되다
well [웰] 잘
suitable [수터블] 적합한, 잘 맞는
field [필드] 분야

22 하는 일이 무엇인지 물어볼 때

왓 컴퍼니 두 유 월크 포?
What company do you work for?
무슨 회사에서 일하시나요?

관련 표현

웨얼 두 유 월크?
Where do you work?
어디에서 일하시나요?

왓 더즈 유어 컴퍼니 두?
What does your company do?
당신의 회사는 무엇을 하나요?

PLUS

아이 앰 어 프리랜서.
I am a freelancer.
저는 프리랜서에요.

아이 앰 저스트 언 인턴.
I am just an intern.
저는 그냥 인턴이에요.

Tip

영어에서 "언제, 누가, 무엇을, 어디서, 어떻게, 왜"에 대해서 물을 때는 wh가 들어가는 단어를 많이 사용한다. 이 단어들을 의문사라고 하는데 how만 w가 없다.
언제 (when), 누가 (who), 무엇 (what), 어디 (where), 어떻게 (how), 왜 (why)

왓 컴퍼니 두 유 월크 포?
A What company do you work for?

아이 앰 어 티쳐.
B I am a teacher.

하우 롱 해브 유 월크드 인 더 스쿨?
A How long have you worked in the school?

어바웃 투웬티 이얼즈.
B About 20 years.

A 무슨 회사에서 일하시나요?
B 저는 선생님입니다.
A 학교에서 얼마나 일하셨나요?
B 약 20년 정도요.

+PLUS
아이 해브 쓰리 롤스 인 마이 컴퍼니.
I have three roles in my company.
저는 회사에서 3개의 일이 있습니다.

Tip

영어로 '얼마나 길게' 라고 말하고 싶으면 'How long'을 쓰면 된다. 여기서 how는 원래 '어떻게'라는 뜻을 갖고 있지만 '긴'이라는 형용사인 long과 합쳐지면서 '얼마나'라는 뜻을 갖게 된 것이다. 이렇게 how는 형용사와 함께 쓰이면 '얼마나'로 해석된다.

단어

company [컴퍼니] 회사
work [월크] 일하다
teacher [티쳘] 선생님
school [스쿨] 학교

왓　　컴퍼니　　두 유　　월크　포?
A **What company do you work for?**

아이 월크 포　러 거번먼트　　　에이전시.
B **I work for a government agency.**

아　유　　어 퍼블릭　오피셜?
A **Are you a public official?**

예스, 아이 앰.
B **Yes, I am.**

A 무슨 회사에서 일하시나요?
B 저는 정부기관에서 일합니다.
A 그럼 공무원인가요?
B 맞습니다.

➕PLUS
아이 헐드　유　　무브　　　투 어나덜　　　디파트먼트.
I heard you moved to another department.
다른 부서로 가셨다고 들었습니다.

Tip

영어로 공무원을 public official이라고 한다. 여기서 public은 '공공의'라는 뜻이다. official은 혼자 쓰여도 '공무원'이라는 뜻을 가질 수 있지만 '정식적인'이라는 뜻도 갖고 있다. 이 두 단어가 합쳐지면 하나의 뜻을 가진 공무원이 된다.

단어

government [거번먼트] 정부
agency [에이전시] 기관
public [퍼블릭] 공공의
public official [퍼블릭 오피셜] 공무원

고향이 어디인지 물어볼 때

웨얼 　　이즈 유어 　　홈타운?
Where is your hometown?
고향이 어디신가요?

캔 　아이 애스크 유 　웨얼 　　유어 　　홈타운 　　　이즈?
Can I ask you where your hometown is?
고향이 어디신지 물어봐도 되나요?

하우 　롱 　　디쥬 　　리브 인 유어
How long did you live in your
홈타운?
hometown?
고향에서 얼마나 사셨어요?

+PLUS　두 　유 　　미스 　유얼 　　홈랜드?
Do you miss your homeland?
고국이 그리운가요?

Tip

영어로 고향을 hometown이라고 한다. 이 단어는 '집'이라는 뜻의 home과 '마을'이라는 뜻의 town이 합쳐진 것인데 집이 있는 마을이 고향인 것을 생각하면 쉽게 외울 수 있다.

웨얼 　　 이즈 유어 　 홈타운?
A Where is your hometown?

마이 　홈타운 　　　　 이즈 제주　아일랜드.
B My hometown is Jeju Island.

하우 　 롱 　　 디쥬 　　 리브 　데얼?
A How long did you live there?

언틸 　 아이 그래쥬에이티드 프럼 　　 하이 　 스쿨.
B Until I graduated from high school.

A 고향이 어디인가요?
B 저의 고향은 제주도입니다.
A 거기에서 얼마나 살았어요?
B 고등학교 졸업할 때까지요.

 노웨얼 　　　　 이즈 애즈 컴퍼터블 　　　 애즈 마이　홈타운.
Nowhere is as comfortable as my hometown.
제 고향만큼 편한 곳은 없습니다.

Tip

미국에서는 처음 사람을 만나면 고향을 물어본다. 미국 땅이 넓어서 각 지역의 특색이 분명하고 좋은 화제거리이기 때문이다. 그 때는 주로 Where are you from? 이라고 말하지만 위의 표현처럼 구체적으로 물어볼 수도 있다.

단어

----

hometown [홈타운] 고향 　**island** [아일랜드] 섬
live [리브] 살다 　**graduate** [그래쥬에잇] 졸업하다
high school [하이 스쿨] 고등학교

웨얼   이즈 유어   홈타운?

ⓐ Where is your hometown?

서울.

ⓑ Seoul.

하우   롱   디쥬   리브 데얼?

ⓐ How long did you live there?

올   마이 라이프. 아이 네버 레프트 마이 홈타운.

ⓑ All my life. I never left my hometown.

ⓐ 고향이 어디인가요?
ⓑ 서울이요.
ⓐ 그곳에서 얼마나 생활하셨어요?
ⓑ 평생이요. 떠나본 적이 없어요.

➕PLUS   마이 페어런츠   아   스틸   인 마이   홈타운
My parents are still in my hometown.
제 부모님들은 아직 제 고향에 있어요.

Tip

영어로 '절대로'를 never라고 한다. 이렇게 빈도를 나타내는 부사를 빈도부사라고 한다. 빈도부사는 always (항상), often (자주), frequently (빈번히), sometimes (가끔), rarely (드물게), never (절대로) 등이 있다.

단어

all one's life [올 원즈 라이프] 평생
all my life [올 마이 라이프] 내 평생
never [네벌] 결코 ~하지 않다
left [레프트] 떠났다

부탁할 때

쿠쥬   헬프   미   아웃, 플리즈?
Could you help me out, please?
절 도와줄 수 있나요?

관련 표현

쿠쥬   리프트 디쓰   배기지,   플리즈?
Could you lift this baggage, please?
이 짐을 올려줄 수 있나요?

땡큐   쏘 머치   포   유어   헬프.
Thank you so much for your help.
당신의 도움에 매우 감사합니다.

PLUS

아이 니드 썸   헬프.
I need some help.
저는 좀 도움이 필요합니다.

헬핑   아덜스   이즈 어 블레싱.
Helping others is a blessing.
다른 사람을 돕는 것은 축복이다.

Tip

영어에서 부탁을 할 때 can과 could 둘 다 사용할 수 있다. 둘 다 '할 수 있다'라는 뜻을 갖고 있고 부탁할 때는 '~해도 되나요?'라고 해석이 된다. 요청할 때 이 둘의 차이점이 있다면 could가 조금 더 공손한 느낌을 준다는 것이다.

쿠쥬 헬프 미 아웃, 플리즈?
A Could you help me out, please?

하우 캔 아이 헬프 유?
B How can I help you?

쿠쥬 리프트 디쓰 배기지, 플리즈?
A Could you lift this baggage, please?

노 프라블럼.
B No problem.

A 절 도와줄 수 있나요?
B 어떻게 도와드릴까요?
A 이 짐을 올려주시겠어요?
B 문제 없습니다.

PLUS
위 니드 어나덜 펄슨 투 헬프 어스.
We need another person to help us.
우린 또 다른 사람의 도움이 필요하다.

Tip

영어에서 부탁을 할 때는 please라는 말을 많이 한다. 이 단어는 '제발'이라고 해석이 되는데 공손하게 부탁을 하고 싶을 때는 항상 쓰는 말이므로 잘 익혀 두어야 한다.

단어

help out [헬프 아웃] 도와주다
lift [리프트] 들어올리다
baggage [배기지] 짐
no problem [노 프라블럼] 문제 없다

쿠쥬 헬프 미 아웃. 플리즈?
A Could you help me out, please?

오브 콜스.
B Of course.

두 유 노우 웨얼 아이 캔 테익
A Do you know where I can take

디 에어포트 버스?
the airport bus?

예스, 아이 두. 이츠 롸잇 데얼.
B Yes, I do. It's right there.

A 도와줄 수 있나요?
B 물론이죠.
A 공항버스를 어디에서 타는지 아시나요?
B 알아요. 바로 저기입니다.

＋PLUS
유 아 올웨이즈 윌링 투 헬프.
You are always willing to help.
당신은 언제나 도와주려고 하는군요.

Tip
영어로 '타다'를 take라고 한다. take의 기본 의미는 '가지고 가다'이지만 알고 보면 수십 가지 의미를 갖고 있다. 영어에서는 자주 쓰이는 단어가 다양한 의미를 갖고 있는 경우가 많다.

단어
take [테익] 타다 **bus** [버스] 버스
airport bus [에어포트 버스] 공항버스
right there [롸잇 데얼] 바로 저기

아이드 라이크 투 인바이트 유 투 마이 하우스.
I'd like to invite you to my house.
저희 집으로 초대하고 싶습니다.

아이드 라이크 투 인바이트 유 투 마이 하우스 포
I'd like to invite you to my house for
디너.
dinner.
저희 집에서 저녁 식사하자고 초대하고 싶습니다.

아이 원 유 투 비 마이 잉글리쉬 튜럴.
I want you to be my English tutor.
저의 영어 과외 선생님을 해주셨으면 좋겠습니다.

PLUS

아이 라이크 인바이팅 피플 투 마이 플레이스.
I like inviting people to my place.
저는 사람들 초대하는 걸 좋아해요.

Tip

외국에서는 다른 사람을 집으로 초대하는 일이 우리나라보다 흔하다. 친해지고 싶은 사람들을 집으로 초대해서 파티를 하는 것이 그들의 문화이기 때문이다. 위의 표현을 잘 익혀서 사용해 보도록 하자.

아이드 라이크 투 인바이트 유　투　마이　하우스　디쓰
A I'd like to invite you to my house this

쌔러데이.
Saturday.

굿.　　아이 앰 프리　디쓰 쌔러데이.
B Good. I am free this Saturday.

웨얼　이즈 유어　하우스?
B Where is your house?

비하인드　더　뱅크.
A Behind the bank.

A 이번 토요일에 저희 집에 초대하고 싶습니다.
B 좋아요. 저 토요일에 시간 있어요.
B 집이 어디에 있죠?
A 은행 뒤에 있어요.

+PLUS

플리즈　콜　미 웬　유　겟　히얼.
Please call me when you get here.
여기 도착하면 전화하세요.

Tip

영어에서는 날짜를 쓰기 전에 주로 전치사를 쓰는데 정확한 날짜 앞에는 on, 월이나 연도 앞에는 in을 사용하고 시간 앞에는 at을 쓴다. 하지만 위의 예문처럼 this가 있으면 이러한 전치사들을 생략할 수 있다.

단어

invite [인바이트] 초대하다
Saturday [세러데이] 토요일
behind [비하인드] ~뒤에　**bank** [뱅크] 은행

A 아이드 라이크 투 인바이트 유   투 마이 하우스   포   디너
A I'd like to invite you to my house for dinner

디쓰   쌔러데이.
this Saturday.

굿.   위 해븐   스펜트   머취   타임
B Good. We haven't spent much time

투게더   포 러 와일.
together for a while.

웨얼   이즈 유어 뉴   하우스?
B Where is your new house?

이츠 낫 파 프럼   더   컴퍼니.
A It's not far from the company.

텐   미닛   워크.
10 minute walk.

A 이번 주 토요일에 저희 집에서 저녁 식사하자고 초대하고 싶습니다.
B 좋아요. 우리 오랫동안 시간을 같이 보내지 못했잖아요.
B 새 집은 어디에 있죠?
A 회사로부터 멀지 않아요. 걸어서 10분이면 돼요.

Tip

spend는 '쓰다'라는 의미를 갖고 있다. 우리나라와 마찬가지로 돈을 쓰는 경우나 시간을 쓰는 경우 모두 사용할 수 있기 때문에 유용한 표현이다.

단어

dinner [디너] 저녁 식사 **together** [투게덜] 함께
far [파] 먼 **minute** [미닛] 분 **walk** [워크] 걷다, 걷기

26 | 사귀자고 할 때

월 유 고우 아웃 윗 미?
Will you go out with me?
저랑 사귈래요?

레츠 비 프렌즈.
Let's be friends.
우리 친구해요.

레츠 고우 온 어 데이트.
Let's go on a date.
우리 데이트해요.

PLUS

아이 캔트 빌리브 위 아 데이팅.
I can't believe we are dating.
우리가 데이트를 하고 있다니.

아이 뉴 유 웃 애스크 미 아웃.
I knew you would ask me out.
저에게 데이트 신청할 줄 알았어요.

Tip

영어로 '사귀다'를 go out with라고 한다. 이 표현을 직역하면 '함께 나가다'라는 뜻이지만 누구와 사귈 때 주로 함께 나가서 데이트를 하는 것을 생각하면 외우기 쉬운 표현이다.

26 사귀자고 할 때   107

웨얼　　이즈 유어　　홈타운?
A **Where is your hometown?**

아이 앰 프럼　　부산.
B **I am from Busan.**

와우!　아이 앰 프럼　　부산,　　투.
A **Wow! I am from Busan, too.**

왓　　어 코인씨던스.　　레츠　비　프렌즈.
B **What a coincidence! Let's be friends.**

A 고향이 어디에요?
B 저는 부산에서 왔습니다.
A 와! 저도 부산에서 왔어요.
B 정말 우연이네요! 우리 친구해요.

+PLUS
이츠　어 페잇　댓　위　비컴　　프렌즈.
It's a fate that we become friends.
우리가 친구가 되는 건 운명이에요.

Tip

영어로 우연을 coincidence라고 한다. 이 표현은 접두어 co와 incidence가 합쳐진 말인데 co는 '함께', '동시에'를 의미하고 incidence는 '사건'을 의미하기 때문이다.

단어

be from [비 프럼] ~에서 왔다
Busan [부산] 부산
coincidence [코인시던스] 우연
be friends [비 프렌즈] 친구가 되다

웨얼 아 유 프럼?
A Where are you from?

아이 앰 프럼 뉴욕. 하우 어바웃 유?
B I am from New York. How about you?

아이 앰 프럼 로스엔젤레스.
A I am from Los Angeles.

레츠 비 프렌즈.
B Let's be friends.

A 어디서 오셨어요?
B 저는 뉴욕에서 왔어요. 당신은요?
A 저는 로스엔젤레스에서 왔어요.
B 우리 친구해요.

➕PLUS
메이비 위 해브 멧 비폴.
Maybe we have met before.
우리 만나보았을 수 있겠어요.

Tip

Los Angeles는 원래 스페인 단어로 '천사들'을 의미하는 단어이다. Los는 관사로 영어의 the와 같은 의미가 있고 angeles는 천사의 복수로 '천사들' 이라는 뜻이다. 영어에는 이렇게 다른 언어를 사용하는 경우가 많이 있다.

단어

New York [뉴욕] 뉴욕
Los Angeles [로스엔젤레스] 로스엔젤레스 (스페인어로 천사들이라 는 뜻)

26 사귀자고 할 때 **109**

27 프러포즈할 때

Will you marry me?
월 유 매리 미?
저랑 결혼해주시겠어요?

관련 표현

아이 앰 인 러브 윗 유.
I am in love with you.
당신을 사랑하고 있어요.

쿠쥬 비 마이 걸프렌드?
Could you be my girlfriend?
저의 여자친구가 되어주시겠어요?

➕PLUS

유 해브 뷰티풀 아이즈.
You have beautiful eyes.
당신은 아름다운 눈을 가졌군요.

아이 해브 어 크러시 온 유.
I have a crush on you.
당신에게 반했어요.

Tip

영어로 고백하는 방법은 다양하다. 그 중에 가장 대표적인 표현이
in love with라는 표현이다. 하지만 이 표현은 조금 직접적인 표현
이기 때문에 세 번째 표현처럼 돌려서 말하는 경우도 많다.

A 월 유 매리 미?
Will you marry me?

B 위브 빈 투게덜 포 온리 쓰리 먼스.
We've been together for only 3 months.

하우 이즈 댓 파써블?
How is that possible?

A 덴, 웬 슛 위 겟 매리드?
Then, when should we get married?

B 위 슛 씨 이취 아덜 포 앳 리스트 어 이얼.
We should see each other for at least a year.

A 저랑 결혼하실래요?
B 우리가 아직 3개월 밖에 안 만났는데 어떻게 그게 가능해요?
A 그럼 언제 결혼해야 하죠?
B 적어도 1년은 만나야 하지 않을까요?

➕PLUS 아이 필 라이크 아이브 노운 유 폴 텐 이얼스.
I feel like I've known you for 10 years.
당신은 10년 정도 안 것 같아요.

Tip ----------------------------------

영어로 '사귀다'를 표현하는 단어는 많다. 그 중에 한 단어가 see이다. see 는 원래 '보다'라는 뜻인데 '사귀다'라는 의미로도 사용된다. 우리나라에서 도 '나 요즘 만나는 사람 있어'라고 말을 하는데 여기서 만난다는 의미를 전 달해 주는 영어 단어가 바로 see 이다.

단어 ----------------------------------

marry [매리] 결혼하다 **only** [온리] 오직, 겨우
possible [파써블] 가능한 **month** [먼스] 달
at least [앳 리스트] 적어도

레츠 겟 매리드.
A **Let's get married.**

아이 앰 쏘리.
B **I am sorry.**

아이 돈 띵크 위 아 롸잇 포 이취 아더.
I don't think we are right for each other.

인 왓 웨이?
A **In what way?**

아월 뷰즈 옵 라이프.
B **Our views of life.**

A 우리 결혼해요.
B 죄송해요. 제 생각에는 우리는 잘 맞지 않는 것 같아요.
A 어떤 점이 안 맞아요?
B 인생관이요.

➕PLUS 왓 이즈 더 모스트 임폴턴트 인 메리지?
What is the most important in marriage?
결혼에서 가장 중요한 게 뭐예요?

Tip

영어로 right은 '올바른'이라는 뜻이다. 하지만 이 표현을 위의 경우처럼 for each other와 함께 쓰면 '서로 맞지 않다'라는 뜻이 된다. 유용한 표현이니 잘 외워서 적절한 상황에 사용하면 된다.

단어

each other [이취 아덜] 서로
way [웨이] 길, 방법, 방식
view [뷰] 관점
life [라이프] 삶

아이 띵크 위 니드 투 브레이크 업.
I think we need to break up.

위 아 낫 롸잇 포 이춰 아더.
We are not right for each other.

우리는 끝난 것 같아요. 우리는 서로 안 맞아요.

관련 표현

아이 띵크 위 니드 어 브레이크.
I think we need a break.

우리 잠시 헤어져 지내요.

레츠 저스트 비 프렌즈.
Let's just be friends.

우리 그냥 친구로 지내요.

PLUS

유 브록 마이 하트.
You broke my heart.

당신은 저에게 상처를 주었어요.

하우 캔 유 쎄이 댓?
How can you say that?

어떻게 그 말을 할 수가 있어요?

Tip

영어로 '헤어지다'를 break up이라고 한다. 여기서 break는 '깨다'라는 의미의 동사인데 우리나라에서도 커플이 헤어지는 것을 깨졌다고 하는 것을 생각하면 쉽게 외울 수 있다.

위브 빈 투게더 포 어바웃 어 이얼.
A We've been together for about a year.

슈든 위 겟 매리드?
Shouldn't we get married?

노, 아이 띵크 위 니드 투 브레이크 업.
B No, I think we need to break up.

위 아 낫 롸잇 포 이취 아더.
We are not right for each other.

인 왓 웨이?
A In what way?

아월 펄써널리티스 돈 매취.
B Our personalities don't match.

A 우리가 만난 지 1년 정도 되었는데 결혼해야 하지 않을까요?
B 아니요, 우리 헤어져요. 제 생각에 우리는 안 맞아요.
A 뭐가 안 맞아요?
B 성격이 안 맞아요.

Tip

영어로 together는 '함께'라는 뜻이다. 그런데 이 단어를 사귄다고 말할 때도 쓸 수 있다. 위의 첫번째 문장에 있는 표현이 그런 경우인데 함께 했다는 말은 진지하게 만났다는 것을 의미하기 때문이다.

단어

need to [니드 투] ~해야 한다   **break up** [브레이크 업] 헤어지다
personality [펄쓰널리티] 성격
match [매치] 맞다

레츠 저스트 비 프렌즈.
A Let's just be friends.

아이 띵크 위 아 낫 롸잇 포 이취 아더.
I think we are not right for each other.

와이? 아이 띵크 위 아 펄펙트 포 이취 아더.
B Why? I think we are perfect for each other.

노, 위 해브 디퍼런트 뷰즈 옵 라이프.
A No, we have different views of life.

아이 돈 원 투 브레이크 업 윗 유.
B I don't want to break up with you.

쿠쥬 깁 미 썸 타임?
Could you give me some time?

A 우리 그냥 친구로 지내요. 제 생각에 우리는 안 맞아요.
B 왜요? 제 생각에는 우리가 서로에게 완벽한 것 같아요.
A 아니요, 우리는 가치관이 달라요.
B 저는 헤어지고 싶지 않아요. 저에게 시간을 줄 수 있어요?

Tip

누군가와 만날 때 가치관은 아주 중요하다. 영어로 가치관을 view of life라고 한다. 또한 세계관을 world view라고 한다.

단어

different [디퍼런트] 다른
some time [썸 타임] 조금의 시간
want to [원 투] ~하고 싶다
give [기브] 주다

아이 앰 쏘리.　아이 니드 투 테익 어 뤠인 첵.
I am sorry. I need to take a rain check.

썸띵　케임 업.
Something came up.

죄송한데 갑자기 일이 생겨서 다음으로 미뤄야 할 것 같아요.

관련 표현

아이 앰 쏘리.
I am sorry.

아이 니드 투 췌인지 더 스케줄.
I need to change the schedule.

죄송해요. 스케줄을 바꿔야 할 것 같아요.

아이 앰 쏘 쏘리.
I am so sorry.

아이 윌 바이 유 어 쥬링크 넥스트 타임.
I will buy you a drink next time.

정말 미안한데, 나중에 제가 술 살게요.

Tip

영어로 다음으로 미루자고 할 때 take a rain check이라는 표현을 많이 쓴다. 이 표현은 1880년도에 있었던 야구 경기에서 유래되었는데 비가 많이 와서 경기가 취소되고 관객들이 다른 경기를 볼 수 있는 rain check를 받고 돌아갔기 때문이다.

아이 앰 쏘리. 아이 니드 투 테익 어 뤠인 첵.
A **I am sorry. I need to take a rain check.**

썸띵 케임 업.
Something came up.

뤼얼리? 아이 게쓰 위 슏 밋 넥스트 타임.
B **Really? I guess we should meet next time.**

아이 앰 쏘리 아이 브록 더 무드.
A **I am sorry I broke the mood.**

아이 윌 페이 넥스트 타임.
I will pay next time.

오케이.
B **Okay.**

A 죄송한데 갑자기 일이 생겨서 시간을 바꿔야 할 것 같아요.
B 정말요? 다음에 만나야 할 것 같네요.
A 분위기를 깨서 죄송해요. 다음에 제가 살게요.
B 알겠어요.

Tip

한국에도 분위기를 깬다는 말이 있다. 영어에도 이와 똑같은 표현이 있는
데 break the mood라고 한다. break가 '깨다'를 의미하고 mood는 '분위
기'를 뜻한다.

단어
----

rain check [뤠인체크] 우천 교환권
come up [컴 업] 일어나다
broke [브로크] 깼다 **mood** [무드] 분위기

와이 아 유 리빙 쏘 얼리?
A Why are you leaving so early?

아이 앰 쏘리. 썸띵 케임 업.
B I am sorry. Something came up.

왓 어 쉐임 (버멀)!
A What a shame (bummer)!

아이 윌 바이 유 어 쥬링크 넥스트 타임.
B I will buy you a drink next time.

A 왜 이렇게 일찍 가려고 해요?
B 미안해요. 갑자기 일이 생겨서요.
A 아쉽다.
B 나중에 제가 술 살게요.

+PLUS
유 올웨이즈 리브 얼리.
You always leave early.
당신은 언제나 일찍 떠나요.

Tip

영어로 '아쉽다'라고 할 때 What a shame이라는 말을 쓴다. 비슷한 말로 bummer이라는 말이 있는데 실망스러운 일이나 안타까운 일을 만나면 사용한다.

단어

early [얼리] 일찍
shame [쉐임] 부끄러운, 애석한 일
bummer [버멀] 실망(스러운 일)
buy [바이] 사다

식사 대접을 한다고 할 때

아이드 라이크 투 트릿 유 투 어 밀.
I'd like to treat you to a meal.
제가 식사 대접하고 싶어요.

관련 표현

아이드 라이크 투 트릿 유 투 어 커피.
I'd like to treat you to a coffee.
제가 커피 한 잔 사고 싶어요.

아이드 라이크 투 테익 유 투 어 띠어털.
I'd like to take you to a theater.
제가 영화관에 데려가고 싶어요.

PLUS

런치 이즈 온 미.
Lunch is on me.
점심은 제가 대접할게요.

디너 이즈 온 미.
Dinner is on me.
저녁은 제가 대접할게요.

Tip

영어의 take는 '누군가를 어디에 데리고 가다'라는 뜻을 가지고 있다. 그래서 누구를 특별한 장소에 데리고 가고 싶다고 말할 때 자주 쓰인다.

대화문 1

아이드 라이크 투 트릿 유 투 어 밀.
A I'd like to treat you to a meal.

뤼얼리? 댓 싸운즈 그뤠잇!
B Really? That sounds great!

왓 두 유 원 투 잇?
A What do you want to eat?

코뤼언 푸드.
B Korean food.

A 제가 식사 대접하고 싶어요.
B 정말요? 너무 좋아요!
A 뭐 먹고 싶으세요?
B 한국 음식이요.

 PLUS
코뤼언 푸드 이즈 더 베스트 인 더 월드.
Korean food is the best in the world.
한국 음식이 세계에서 최고입니다.

Tip

요즘에는 세계 어디를 가든지 한국 음식을 볼 수 있다. 서양사람들도 한국 음식을 좋아하는 사람들이 많이 있어서 음식에 대해서 이야기를 할 때 한국 음식 이야기를 하면 좋은 대화거리가 될 수 있다.

단어

meal [밀] 식사
sound [사운드] ~로 들린다
Korean [코뤼언] 한국인, 한국의
food [푸드] 음식

A 땅큐　　　　포　헬핑　　　미　라스트 타임.
A Thank you for helping me last time.

B 잇 워즈　마이 플레져.
B It was my pleasure.

A 아이드 라이크 투 트릿　유　투 어 디너　　투머로우.
A I'd like to treat you to a dinner tomorrow.

B 그뤠잇!　왓　　타임　숫　　위 밋?
B Great! What time should we meet?

A 저번에 절 도와주셔서 정말 감사 드려요.
B 저의 기쁨이었습니다.
A 내일 저녁에 식사 대접하고 싶어요.
B 좋아요! 우리 몇 시에 볼까요?

➕**PLUS** 아이 캔　잇　에니띵.
I can eat anything.
저는 뭐든지 먹을 수 있어요.

Tip

영어로 '천만에요'를 표현하는 말은 다양하다. 가장 흔한 말 중 하나가 It's my pleasure인데 '저의 기쁨입니다'라는 뜻을 갖고 있다. 고마움을 자연스럽게 받는 표현 중 하나이다.

단어

last [라스트] 마지막
last time [라스트 타임] 지난번
tomorrow [투머로우] 내일
what time [왓 타임] 몇 시

히얼 이즈 어 리를 기프트 포 유.
Here is a little gift for you.
여기 당신을 위한 작은 선물이에요.

관련 표현

아이 해브 어 리를 써프라이즈 포 유.
I have a little surprise for you.
당신을 위한 깜짝 선물이에요.

아이 홉 유 라이크 잇.
I hope you like it.
이것을 좋아하셨으면 좋겠네요.

PLUS

아이 갓 썸띵 폴 유.
I got something for you.
당신을 위해 무엇을 준비했어요.

웬 디쥬 겟 디쓰?
When did you get this?
언제 이걸 구한 거예요?

Tip

영어로 hope은 '희망'이라는 뜻이다. 하지만 동사로 쓰이면 '희망하다'가 되는데 hope을 쓰고 희망하는 말을 뒤에 쓰면 된다.

해피　　　벌스데이!　　　히얼　　이즈 어 리를　기프트 포　유.
A Happy birthday! Here is a little gift for you.

땡큐!
B Thank you!

하우　　디쥬　　　노우　　마이 벌스데이?
How did you know my birthday?

하우　　캔　아이 폴겟?
A How can I forget?

위　　해브　더　쎄임　　벌스데이.
We have the same birthday.

오!　예스.
B Oh! Yes.

A 생일 축하해요! 여기 당신을 위한 작은 선물이에요.
B 고마워요! 어떻게 제 생일을 알았어요?
A 어떻게 잊어요? 우리 생일이 같은 날이잖아요.
B 아! 맞아요.

✛PLUS
아이 보웃　　잇 인 어 쥬얼리　　　스토어.
I bought it in a jewelry store.
저는 이걸 보석 상점에서 샀어요.

Tip

영어로 '여기 있어요'라는 말을 하고 싶으면 Here is ~라고 하면 된다. 여기서 주어는 here이 아니라 뒤에 나오는 단어인데 평서문이 아니라 문장 구조가 바뀐 도치문이기 때문이다.

단어

here [히얼] 여기　**little** [리를] 작은
forget [폴겟] 잊다　**Oh!** [오] 오! (깨달음)

아이 해브 어 리를 써프라이즈 포 유.
A I have a little surprise for you.

땡큐 포 커밍 투 씨 미.
B Thank you for coming to see me.

왓츠 디쓰?
What's this?

어 리를 기프트 포 유.
A A little gift for you.

아이 홉 유 라이크 잇.
I hope you like it.

와우! 땡큐 쏘 머취.
B Wow! Thank you so much.

A 당신을 위한 깜짝 선물이에요.
B 절 보러 오셔서 감사합니다. 이게 뭐예요?
A 작은 선물이에요. 좋아하셨으면 좋겠어요.
B 와! 정말 감사합니다.

Tip

영어로 surprise는 '놀라게 하다'라는 뜻을 갖고 있다. 하지만 위의 경우처럼 명사로 쓰일 때가 있는데 이때는 '놀랄 일', '깜짝 선물'의 의미를 갖는다.

단어

surprise [서프라이즈] 놀라게 하다, 깜짝 선물
come to see [컴 투 씨] 보러 오다
hope [홉] 바라다
so much [쏘 머치] 정말 많이

해브   어 쎄이프   트립.
Have a safe trip.
안전한 여행 되길 바랍니다.

관련 표현

인조이   유어   트립.
Enjoy your trip.
즐거운 여행이 되세요.

봉   보야쥐.
Bon voyage.
여행 잘 다녀오세요.

+PLUS 아이 윌 텍스트 유.
I will text you.
문자 보낼게요.

돈   크라이. 위월   밋   어게인.
Don't cry. We'll meet again.
울지 마요. 저희는 다시 만나요.

Tip

Bon voyage는 원래 프랑스어인데 영어가 외래어로 사용하는 것
이다. 프랑스 말을 직역하면 Have a nice trip이 돼서 '좋은 여행
하세요'라는 뜻이 된다.

대화문 ①

유 니드 투 테익 케얼 옵 유얼 헬스
A You need to take care of your health

웬 유 고우 어브로드.
when you go abroad.

땡큐 포 유어 컨썬.
B Thank you for your concern.

유 투 스테이 헬씨.
You too stay healthy.

해브 어 쎄이프 트립.
A Have a safe trip.

오케이, 아이 윌 콜 유 웬 아이 겟 데얼.
B Okay, I will call you when I get there.

Ⓐ 해외에 나갈 때는 꼭 건강을 주의해야 돼요.
Ⓑ 관심에 감사 드립니다. 당신도 건강 챙기세요!
Ⓐ 안전한 여행 되길 바랍니다.
Ⓑ 네, 그곳에 도착하면 전화 드릴게요.

Tip

영어로 '도착하다'를 arrive라고 한다. 하지만 일반 회화에서는 이 단어보다 get이라는 단어를 쓰는데 원래 get의 기본 의미는 '얻다'이지만 뒤에 to 장소를 쓰면 (그곳에) '도달하다'라는 의미를 갖는다. there은 to의 의미를 갖고 있어서 to를 쓰지 않아도 된다.

단어

take care of [테익 케얼 옵] 보살피다
go abroad [고우 어브로드] 해외에 가다
concern [컨썬] 관심 **healthy** [헬씨] 건강한 **trip** [트립] 여행

126　3. 관계

A Enjoy your trip. Take care of yourself.

인조이 유어 트립. 테익 케어 옵 유어셀프.

B Don't worry, mom and dad.

돈 워리, 맘 앤 댇.

I will take care of myself.

아이 윌 테익 케어 옵 마이셀프.

A Call us when you get to the US.

콜 어스 웬 유 겟 투 더 유에스.

B I will. See you next week.

아이 윌. 씨 유 넥스트 위크.

- **A** 즐거운 여행해. 몸 조심하고.
- **B** 엄마, 아빠 걱정하지 마세요. 제가 스스로 잘 챙길게요.
- **A** 미국에 도착하면 전화해.
- **B** 그럴게요. 다음 주에 봬요.

Tip

enjoy는 '즐기다'라는 뜻을 갖고 있다. 위의 경우처럼 즐거운 여행을 하라고 말할 때에도 사용되지만 평상시에도 자주 사용되는 단어이다. enjoy 뒤에 동사를 쓰고 싶으면 동사+ing의 형태로 써야 한다. 예) I enjoy playing the guitar. 나는 기타 치는 것을 즐긴다.

단어

enjoy [인조이] 즐기다
joyful [조이풀] 즐거운
yourself [유어셀프] 너 자신
call [콜] 전화하다

얼마나 자주 출장 가는지 물어볼 때

두 유 오픈 고우 온 어 비즈니스 트립?
Do you often go on a business trip?
자주 출장 가시나요?

관련 표현

하우 메니 타임즈 두 유 고우 온
How many times do you go on
어 비즈니스 트립 어 먼스?
a business trip a month?
보통 한 달에 몇 번 출장 가시나요?

웨얼 두 유 유주얼리 고우?
Where do you usually go?
보통 어디를 가세요?

PLUS

비즈니스 트립 이즈 낫 이지.
Business trip is not easy.
출장은 쉽지 않아요.

Tip

영어로 '출장을 가다'를 go on a business trip이라고 한다. 여기서 go와 a business 사이에 on을 써야 하는데 여행의 목적에 대해 설명할 때 이렇게 전치사 on을 사용하는 경우가 많다.

두 유 오픈 고우 온 어 비즈니스 트립?
A Do you often go on a business trip?

마이 좝 이즈 륄레이티드 투 더 유에스, 쏘 프리티 오픈.
B My job is related to the US, so pretty often.

유 머스트 비 굿 앳 잉글리쉬.
A You must be good at English.

어 리를. 아이 앰 두잉 마이 베스트.
B A little. I am doing my best.

A 자주 출장 가시나요?
B 제 업무가 미국과 관련이 있어서 자주 출장가요.
A 그러면 영어 잘하시겠네요.
B 조금 할 줄 알아요. 열심히 노력하고 있어요.

+PLUS

데얼 이즈 어 휴쥐 랭귀지 배리어.
There is a huge language barrier.
큰 언어 장벽이 있어요.

Tip

영어로 pretty는 '예쁘다'라는 뜻을 갖고 있다. 하지만 이 단어를 부사로도
쓸 수 있는데 그러면 '꽤'라는 의미를 갖는다. 그래서 pretty often이라고 하
면 '꽤 자주'라는 뜻이 된다.

단어
----

business [비즈니스] 사업
related [륄레이티드] 관련된
pretty [프리티] 꽤
good at [굿 앳] ~를 잘한다

두 유   오픈   고우 온 어 비즈니스   트립?
Ⓐ Do you often go on a business trip?

썸타임즈.
Ⓑ Sometimes.

웨얼   해브   유   빈   인 더   유에스?
Ⓐ Where have you been in the US?

엘에이, 위스콘신   앤   뉴욕.
Ⓑ LA, Wisconsin and New York.

Ⓐ 자주 출장 가시나요?
Ⓑ 때때로요.
Ⓐ 그러면 미국의 어디를 가보셨어요?
Ⓑ 엘에이, 위스콘신, 뉴욕이요.

➕PLUS 두 유   언더스탠드   데얼   컬쳐?
Do you understand their culture?
그들의 문화를 이해하시나요?

Tip

영어로 어디를 가본 적이 있냐고 물어볼 때 Where have you been이라는 표현을 쓴다. 이 표현을 직역하면 '어디에 있어본 경험이 있냐'인데 어디에 있어본 적이 있으면 그 곳에 가본 적이 있는 것이기 때문이다. 일상회화에서 자주 나오는 표현이기 때문에 한 단어처럼 외워서 사용하는 것이 좋다.

단어

business trip [비즈니스 트립] 출장
sometimes [썸타임즈] 가끔
LA [엘에이] 로스앤젤레스의 약자
Wisconsin [위스콘신] 미국 중부의 주

테익 케얼. 아일 쎄이 굿바이 히얼.
Take care. I'll say good bye here.
조심해서 가세요. 여기서 인사할게요.

관련 표현

비 케어풀 온 유얼 웨이 백 홈.
Be careful on your way back home.
레츠 킵 인 터치.
Let's keep in touch.
집으로 잘 돌아가세요. 계속 연락해요.

해브 어 쎄이프 트립 백 홈.
Have a safe trip back home.
집까지 안전한 여행하세요.

PLUS
캔트 웨잇 투 씨 유 어게인.
Can't wait to see you again.
다시 만날 날을 고대해요.

Tip

영어로 '~가는 길'이라고 말하고 싶으면 on one's way to ~라고 하면 된다. 여기서 one은 가는 사람을 쓰면 되고 to 뒤에 가는 곳을 쓰면 된다. 예를 들어 '그가 학교에 가는 길'이라고 말하고 싶으면 on his way to school이라고 하면 된다.

땡큐   포   해빙   미.
A Thank you for having me.

아이 해드 써취   어 그뤠잇   타임.
B I had such a great time.

유   돈   해브 투 씨 미   오프.
A You don't have to see me off.

테익   케얼. 아월   쎄이 굿바이   히얼.
B Take care. I will say good bye here.

A 초대해 주셔서 감사합니다!
B 정말 좋은 시간을 보냈어요.
A 배웅 안 하셔도 돼요.
B 조심히 가세요. 여기서 인사할게요.

PLUS
노   원   라익스 투 쎄이 굿바이.
No one likes to say good bye.
작별인사를 좋아하는 사람은 없다.

Tip

영어로 '하지 않아도 된다'라고 말할 때 don't have to를 많이 쓴다. 여기서
have to는 '해야 한다'라는 뜻이지만 부정의 의미가 되면 '할 필요가 없다',
'하지 않아도 된다'라는 뜻이 된다.

단어

such [써취] 그 정도의
take care [테익 케얼] 조심하다
good bye [굿바이] 안녕히 가세요
say good bye [세이 굿바이] 잘 가라고 인사하다

테익 케얼. 아월 쎄이 굿바이 히얼.
A **Take care. I'll say good bye here.**

아이 윌 인바이트 유 투 마이 플레이스 넥스트 타임.
B **I will invite you to my place next time.**

굿. 아윌 룩 포월 투 비지팅 유어 플레이스.
A **Good. I'll look forward to visiting your place.**

아이 윌 썰브 어 튜너 샌드위치 포 유.
B **I will serve a tuna sandwich for you.**

- **A** 조심히 가세요. 여기서 인사할게요.
- **B** 다음에는 저희 집으로 초대할게요.
- **A** 좋아요. 당신 집에 방문하기를 고대할게요.
- **B** 제가 참치 샌드위치 대접할게요.

+PLUS 잇 이즈 하드 투 리브 언틸 유 리브.
It is so hard to leave until you leave.
당신이 떠나기 전에는 떠나기 어렵네요.

Tip

영어로 place는 장소라는 뜻이다. 여기에 소유격 대명사인 my, your, his, her와 같은 단어가 오면 그 사람이 사는 장소, 그 사람이 있는 장소를 나타내게 된다.

단어

place [플레이스] 장소
look forward to [룩 포워드 투] ~하기를 고대하다
tuna [튜나] 참치
sandwich [샌드위치] 샌드위치

왜 이렇게 늦게 왔는지 물어볼 때

와이 아 유 쏘 레잇?
Why are you so late?
왜 이렇게 늦게 왔어요?

관련 표현

와이 아 유 낫 리빙 디 오피스
Why are you not leaving the office
온 타임 어게인?
on time again?
왜 또 시간에 맞게 퇴근을 하지 않나요?

왓 타임 이즈 잇 나우?
What time is it now?
히 해즌 컴 백 옛!
He hasn't come back yet!
지금이 몇 시죠? 그는 아직 돌아오지 않는군요!

Tip

영어로 '제 시간에'를 on time이라고 한다. 이렇게 time은 전치사와 함께 여러가지 의미를 나타낼 수 있다. 다른 예로는 in time과 with time이 있는데 in time은 '시간 안에'라는 뜻이고 with time은 '시간에 따라서'라는 뜻이다.

와이 아 유 쏘 레잇?
A Why are you so late?

아이 원티드 투 컴 백 홈 얼리.
B I wanted to come back home early,

벗 아이 해드 투 월크 오버타임.
but I had to work overtime.

어게인? 유 올웨이즈 월크 오버타임.
A Again? You always work overtime.

허니. 아이 앰 두잉 디쓰 포 아워 패밀리!
B Honey, I am doing this for our family!

A 왜 이렇게 늦게 왔어요?
B 나도 빨리 집에 오고 싶었는데 야근을 해야 해서.
A 또? 매일 야근하는군요.
B 여보, 이것이 다 우리 가족을 위한 거잖아!

Tip

영어에는 우리나라의 야근이라는 말을 전달해 줄 수 있는 단어가 없다. 하지만 비슷한 표현이 있는데 바로 overtime이다. work overtime이라고 하면 초과근무를 하는 것인데 이 초과근무를 밤에 하면 바로 야간 근무가 되기 때문이다.

단어

late [레잇] 늦은
overtime [오벌타임] 초과근무
always [올웨이즈] 항상
honey [허니] 여보, 꿀

와이 아 유 쏘 레잇 어게인?
A **Why are you so late again?**

디든 아이 텔 유 아이 해브 투 고우 투
B **Didn't I tell you I have to go to**

어 컴퍼니 디너?
a company dinner?

유 올웨이즈 고우 투 어 컴퍼니 디너!
A **You always go to a company dinner!**

허니, 이츠 어 파트 옵 마이 월크.
B **Honey, it's a part of my work.**

A 왜 또 이렇게 늦게 왔어요?
B 회사에서 회식이 있다고 말하지 않았어?
A 당신은 항상 회식 가잖아요!
B 여보, 이것도 업무의 일부분이잖아.

PLUS
유 워 드렁크 라스트 타임.
You were drunk last time.
지난번에 술에 취해 있었잖아요.

Tip

영어로 회식을 company dinner라고 한다. company가 회사를 의미하고 dinner가 저녁 식사를 의미하기 때문이다. 회식을 점심에 하면 dinner 대신 lunch를 사용하면 된다.

단어

company dinner [컴퍼니 디너] 회식
company lunch [컴퍼니 런치] (점심) 회식
part [파트] 부분 *외국은 회식이 많지 않다.

4

서비스

서비스에서는 일상생활 중에서 접하게 되는 병원, 가게, 식당 등에서 서비스 관련하여 쓸 수 있는 표현을 정리했습니다.

어떻게 병을 주의해야
하는지 물을 때

왓   숫   아이 두 애프터
What should I do after

아이 고우 백   홈?
I go back home?
제가 집에 돌아가고 난 후에 무엇을 해야 할까요?

관련 표현

이즈 마이 디지즈   씨어리어스?
Is my disease serious?
제 병이 심각한가요?

이즈 데얼   에니띵   아이 슈든   두
Is there anything I shouldn't do

인 텀스   옵 이팅   푸드?
in terms of eating food?
음식을 먹는 것에 있어서 하면 안 되는 것이 있나요?

Tip

영어로 '~에 대해서'라고 말하고 싶으면 in terms of ~라고 말을
하면 된다. in relation to나 concerning과 같은 표현들도 있지만
이 표현이 회화에서 가장 많이 쓰이는 표현이다.

왓　숫　아이 두 애프터 아이 고우 백　홈?
A What should I do after I go back home?

테익　메디슨　온 타임 앤　뤼멤버
B Take medicine on time and remember

투 쥬링크 워러 얼랏.
to drink water a lot.

이즈 데얼　에니띵　아이 숫　어보이드?
A Is there anything I should avoid?

어보이드 이팅　스파이씨 앤　오일리 푸드.
B Avoid eating spicy and oily food.

A 제가 집에 돌아가고 난 후에 무엇을 해야 할까요?
B 제때 약 먹고, 물 많이 마시는 거 기억하세요.
A 제가 피해야 할 것이 있나요?
B 매운 것이랑 느끼한 것 먹는 것 피하세요.

Tip

영어로 '~할 것을 기억해라' 라고 말하고 싶으면 remember to ~를 쓰면 된다. 여기서 remember 뒤에 to를 쓰고 동사를 쓰는 것이 중요하다. 만약에 to 동사를 쓰지 않고 동사+ing를 쓰면 과거에 했던 일을 기억하는 뜻이 된다.
예1) Remember to drink water. - 물 마실 것을 기억해라.
예2) Remember drinking water. - 물 마셨던 것을 기억해라.

단어

take [테익] (약을) 먹다 **medicine** [메디슨] 약
remember [리멤버] 기억하다 **avoid** [어보이드] 피하다

왓　　숫　　　아이 두 애프터 아이 고우 백　홈?
A What should I do after I go back home?

테익　메디슨　　온 타임, 앤　돈　　스모크.
B Take medicine on time, and don't smoke.

아이 앰 어 췌인　스모커.
A I am a chain smoker.

아이 메이 써퍼　프럼　니코틴　윗쥬로월.
I may suffer from nicotine withdrawal.

유　숫　　스탑　스모킹!
B You should stop smoking!

Ⓐ 제가 집에 돌아가고 난 후에 무엇을 해야 할까요?
Ⓑ 제때 약 먹으시고 금연하세요.
Ⓐ 제가 골초인데 금단현상을 겪을 거예요.
Ⓑ 반드시 금연해야 돼요!

➕PLUS 유　숫　　스탑　잇 비폴　이츠 투　레잇.
You should stop it before it's too late.
너무 늦기 전에 멈춰야 해요.

Tip

영어로 골초를 chain smoker라고 한다. smoker는 흡연자를 뜻하는데 chain은 체인을 뜻한다. 담배를 필 때 끊지 않고 체인에 연결된 것 같이 계속해서 피는 것을 연상하면 외우기 쉽다.

단어

on time [온 타임] 제때
smoke [스모크] 담배를 피다
chain [체인] 체인　**withdrawal** [위쥬로월] 금단현상

37 흥정을 할 때

쿠쥬　　　　마크　　잇 다운　　어 리를　　빗?
Could you mark it down a little bit?
조금 깎아 줄 수 있나요?

관련 표현

캔　　아이 겟　에니　취퍼　　　댄　　　디쓰?
Can I get any cheaper than this?
이거 더 싸게 구입할 수 있을까요?

이츠　어 빗　익스펜씨브.
It's a bit expensive.

하우　　어바웃　　피프티 달러스?
How about 50 dollars?
좀 비싸요. 50달러 어때요?

PLUS

잇 워즈　　어 굿　　　딜.
It was a good deal.
좋은 흥정이었어요.

Tip

영어 단어 mark는 우리나라에서도 외래어로 사용되는 단어로 마크나 상표를 나타낸다. 하지만 이 단어에 down을 붙이면 가격을 깎는다는 의미가 된다.

하우　머치　　이즈 디쓰?
Ⓐ How much is this?

이츠 씩스티 달러스.
Ⓑ It's 60 dollars.

쿠쥬　　　마크　잇 다운　　어 리를　빗?
Ⓐ Could you mark it down a little bit?

이츠 올뤠디　　어 뤼듀스드　　프라이스.
Ⓑ It's already a reduced price.

Ⓐ 이거 얼마예요?
Ⓑ 60달러입니다.
Ⓐ 조금 깎아 줄 수 있나요?
Ⓑ 이미 할인된 가격이에요.

데이　아　해글링　오벌 더 프라이스.
PLUS They are haggling over the price.
그들은 값을 흥정하고 있다.

Tip

가격을 깎을 때 사용하는 또 다른 표현은 reduce이다. 이 단어는 원래 '감소시키다'라는 기본 의미가 있기 때문에 뒤에 가격만 붙이면 가격을 깎는다는 의미가 된다.

단어

mark [마크] 표시하다
mark down [마크 다운] 할인하다
reduce [리듀스] 줄이다, 감소시키다
reduced price [리듀스드 프라이스] 할인된 가격

하우   머치   이즈 디쓰 수트?
A How much is this suit?

이츠 에이티 달러스.
B It's 80 dollars.

이츠 투   익스펜씨브.
A It's too expensive.

캔   아이 겟 에니 취퍼   댄   디쓰?
Can I get any cheaper than this?

아이 캔트 마크   잇 다운.   이츠 어 스페셜   오퍼.
B I can't mark it down. It's a special offer.

A 이 슈트 얼마예요?
B 80달러입니다.
A 너무 비싸요. 좀 깎아 주세요.
B 깎아드릴 수 없어요. 특가 상품이라서요.

PLUS 스탑   발게이닝   윗   미.
Stop bargaining with me.
저랑 흥정하는 것을 그만해요.

Tip

영어로 가격을 물어볼 때 가장 흔히 사용하는 표현은 How much이다. How 는 '어떻게', '얼마나'의 뜻을 갖고 있고 much는 '많이'의 뜻이지만 이 둘이 합쳐지면 가격이 얼마인지 물어볼 때 쓰인다.

단어

suit [수트] 슈트   expensive [익스펜시브] 비싼
cheap [칩] 싼   special offer [스페셜 오퍼] 특가 상품

캔 유 브레이크 디쓰 빌?
Can you break this bill?
이 지폐를 잔돈으로 바꿔줄 수 있나요?

관련 표현

두 유 해브 에니 췌인지?
Do you have any change?
잔돈 있으세요?

캔 에니원 브레이크 디쓰 텐따우전 원 빌?
Can anyone break this 10,000 won bill?
누가 만원 지폐를 잔돈으로 바꿔줄 수 있나요?

PLUS 두 유 해브 에니 쿼털즈?
Do you have any quarters?
25센트짜리 있나요?

쏘리 아이 앰 브로크.
Sorry, I am broke.
미안해, 나는 돈이 없어.

Tip

잔돈으로 바꿀 때 사용하는 동사는 break이다. 이 단어는 원래 '깨다'라는 의미이지만 이렇게 뒤에 돈이 쓰이면 그 돈을 잔돈으로 바꾼다는 의미를 갖게 된다.

캔　유　브레이크 디쓰 빌?
A Can you break this bill?

하우　머치　이즈 더　빌?
B How much is the bill?

원 헌드레드 달러스.
A 100 dollars.

아월 깁　유　쓰리　투웬티 달러　빌스
B I'll give you three 20 dollar bills

앤　포　텐 달러　빌스.
and four 10 dollar bills.

A 이 지폐를 잔돈으로 바꿔줄 수 있나요?
B 지폐가 얼마짜리죠?
A 100달러요.
B 20달러짜리 3장하고, 10달러짜리 4장 드릴게요.

➕**PLUS**　텐 따우전　달러스　이즈 투　빅　투　브레이크.
10,000 dollars is too big to break.
만 달러는 잔돈으로 바꾸기에는 너무 커.

Tip --

영어에도 우리나라처럼 지폐와 동전을 나타내는 단어들이 따로 있다. 지폐를 나타내는 단어는 bill이고 동전을 나타내는 단어는 coin이다. 하지만 bill은 '계산서'라는 의미로도 많이 쓰인다.

단어 --

break [브레이크] 깨다
bill [빌] 지폐
three [쓰리] 셋, 3　**four** [포] 넷, 4

대화문 ②

캔 유 브레이크 디쓰 빌?
A Can you break this bill?

아이 앰 쏘리. 위 돈 해브 에니 췌인지.
B I am sorry. We don't have any change.

돈 워리.
A Don't worry.

아이 윌 고우 투 어나덜 컨비니언스 스토어.
I will go to another convenience store.

오케이. 댓츠 어 그뤠잇 아이디어.
B Okay. That's a great idea.

A 이 지폐를 잔돈으로 바꿔줄 수 있나요?
B 죄송한데, 저희도 잔돈이 없어요.
A 괜찮아요. 다른 편의점에 가 볼게요.
B 그래요. 좋은 생각이에요.

Tip

영어로 잔돈을 change라고 한다. 원래 change는 '바뀌다', '바꾸다'라는 뜻으로 주로 사용되지만 이러한 뜻도 있다. 이렇게 영어에는 다의어가 많기 때문에 이미 알고 있는 의미 이외의 의미로 사용되면 그때 그때 외워 두어야 한다.

단어

change [췌인지] 잔돈
another [어나덜] 또 다른
convenience [컨비니언스] 편리함, 편의
convenience store [컨비니언스 스토어] 편의점

머리 스타일을
어떻게 해줄까 물을 때

왓   헤어스타일   두 유   원트?
What hairstyle do you want?
어떤 머리스타일로 하고 싶나요?

관련 표현

왓   헤어스타일   우쥬   라이크 투 해브?
What hairstyle would you like to have?
어떤 머리스타일을 갖기 원하시나요?

하우   두 유   원   투 컬   유얼   헤어?
How do you want to curl your hair?
어떻게 파마하기를 원하세요?

PLUS
쉬   해즈 언 익자릭   헤어스타일.
She has an exotic hairstyle.
그녀는 별난 머리스타일을 갖고 있어.

마이 헤어스타일   이즈 어 메스.
My hairstyle is a mess.
제 머리스타일은 엉망이에요.

Tip

요즘에는 세계 어느 나라를 가든지 머리를 자르는 곳이 있다. 하지만 각 나라마다 추구하는 스타일이 다르기 때문에 신중하게 미용실을 고를 필요가 있다. 외국에 사는 한인들은 주로 한국 미용실을 많이 이용한다.

왓　　헤어스타일　두 유　원트?
A What hairstyle do you want?

아이 원　투 겟　마이 헤어　밥쁘.
B I want to get my hair bobbed.

하우　숄트　숫　아이 컷 잇?
A How short should I cut it?

어바웃　디쓰　숄트.
B About this short.

Ⓐ 어떤 머리스타일로 하고 싶나요?
Ⓑ 단발머리로 자르고 싶어요.
Ⓐ 어느 정도 길이로 자르면 될까요?
Ⓑ 이 정도로 짧으면 돼요.

+PLUS 아이 원　투 해브　마이 헤어　쉐이브드.
I want to have my hair shaved.
저는 삭발하고 싶어요.

Tip

영어로 머리를 자른다고 할 때 cut my hair라고 하지 않고 get my hair cut이라고 한다. cut my hair는 자신이 직접 자른다는 뜻이고 get my hair cut은 다른 사람에 의해서 머리를 자르게 한다는 의미이기 때문이다. 여기서 get은 사역의 의미가 있다.

단어

hair [헤어] 머리카락
hairstyle [헤어스타일] 머리 스타일
bobbed [밥쁘] 단발의
cut [컷] 자르다

왓　　헤어스타일　두 유　　원트?
Ⓐ What hairstyle do you want?

더　　모스트　파퓰러　　　헤어스타일.
Ⓑ The most popular hairstyle.

디즈　　아 더　　모스트 파퓰러　　　헤어스타일즈
Ⓐ These are the most popular hairstyles

나우어데이즈.
nowadays.

렛 미 씨.　　아이 원　디쓰 스타일.
Ⓑ Let me see. I want this style.

Ⓐ 어떤 머리 스타일로 하고 싶나요?
Ⓑ 가장 유행하는 스타일이요.
Ⓐ 이것들이 요즘 가장 유행하는 스타일이에요.
Ⓑ 한번 볼게요. 저는 이것으로 하고 싶어요.

➕PLUS　두 유　　해브　　어 픽철　　옵 더　　스타일?
Do you have a picture of the style?
그 스타일 사진이 있나요?

Tip --

우리나라에서도 상황이 확실하지 않을 때 한번 보겠다는 말을 많이 한다.
영어에도 이런 표현이 있다. Let me see라고 하면 '제가 보게 해 주십시오'
라는 뜻인데 의역하면 '한번 볼게요'라고 해석이 된다.

단어 --

most [모스트] 가장
popular [파퓰러] 인기 있는
these [디즈] 이것들
let me [렛 미] 제가 ~할게요.

마이 컴퓨럴 브록 다운.
My computer broke down.

플리즈 픽스 잇.
Please fix it.

제 컴퓨터가 고장이 났어요. 수리 좀 해주세요.

관련 표현

마이 쎌폰 브록 다운.
My cell phone broke down.

플리즈 뤼페어 릿.
Please repair it.

제 핸드폰이 고장 났어요. 수리 좀 해주세요.

캔 유 컴 히어 앤 씨?
Can you come here and see?

더 쎄컨 엘러베이럴 옵 아월 아파트먼트
The second elevator of our apartment

브록 다운.
broke down.

와서 봐주실 수 있어요? 저희 아파트 두 번째 엘리베이터가
고장 났어요.

Tip

영어로 '고장 나다'를 break down이라고 한다. 여기도 '깨다'라
는 의미의 break가 쓰였다. 이렇게 break는 무엇이 나눠지는 것
을 표현할 때 아주 자주 쓰인다. break down은 조직이 와해될 때
도 쓰일 수 있다.

A My laptop broke down, please fix it.

마이 랩탑　　브록　다운.　플리즈　픽스 잇.

B Let me see.

렛 미 씨.

A What's the problem? Can you fix it?

왓츠　더 프라블럼?　캔 유 픽스 잇?

B The hardware broke down.

더 하드웨어　브록 다운.

You need to buy a new one.

유 니드 투 바이 어뉴 원.

A 제 노트북이 고장 났는데, 수리 좀 해주세요.
B 제가 좀 볼게요.
A 문제가 뭐예요? 수리 가능해요?
B 하드웨어가 고장 났어요. 새것을 하나 사셔야 돼요.

➕PLUS　It's not repairable.

이츠 낫　리페어러블.

이것은 고칠 수 없어요.

Tip --

영어로 노트북을 laptop이라고 한다. 우리나라에서는 notebook이라고 부르는데 사실 우리가 아는 노트북은 한국에서만 쓰는 콩글리시이고 영어로는 공책을 의미한다.

단어 --

lap [랩] 무릎
top [탑] 위
broke down [브록 다운] 고장 났다
fix [픽스] 고치다

대화문 ❷

헬로우? 이즈 디쓰 디 아파트먼트 뤤털 오피스?
A Hello? Is this the apartment rental office?

아이 리브 인 투오씩스.
I live in 206.

헬로우? 왓 해픈드?
B Hello? What happened?

더 쎄컨 엘러베이럴 옵 아월 아파트먼트
A The second elevator of our apartment

브록 다운.
broke down.

위 윌 쎈드 썸원 투 픽스 잇 롸잇 나우.
B We will send someone to fix it right now.

A 여보세요? 관리 사무소죠? 저는 206호에 사는데요.
B 안녕하세요! 무슨 일이죠?
A 저희 동 두 번째 엘리베이터가 고장이 났어요.
B 아, 저희 바로 고치시는 분 보낼게요.

Tip

영어로 아파트 호수를 말할 때는 그냥 숫자를 말하면 된다. 십이나 백자리를 말하기 보다 그냥 숫자를 하나 하나 말한다. 예를 들어 206라고 하면 two zero six라고 한다. 영어에서는 0를 알파벳 O로 발음하기도 하기 때문에 two o six라고 해도 된다.

단어

rental [렌탈] 대여   **rental office** [렌탈 오피스] 관리 사무소
elevator [엘리베이터] 엘리베이터   **send** [쎈드] 보내다

아이 띵크 유브 기븐 미 더 뤙
I think you've given me the wrong

췌인지.
change.
거스름돈을 잘못 주신 것 같아요.

관련 표현

아이 갓 더 뤙 췌인지.
I got the wrong change.
저는 거스름돈을 잘못 받았어요.

아이 띵크 데얼즈 썸띵 뤙.
I think there's something wrong.
뭔가 잘못된 것 같아요.

PLUS

아이 미스칼큘레이티드 유얼 머니.
I miscalculated your money.
제가 당신 돈을 잘못 계산했네요.

썸띵스 뤙 인 더 칼큘레이션.
Something's wrong in the calculation.
계산에서 뭔가 잘못 됐어요.

Tip

영어로 잘못된 거스름돈을 wrong change라고 한다. wrong이 '잘못된'이라는 뜻이기 때문이다. wrong의 반대는 right으로 '올바른'이라는 뜻이다. 쉬운 표현이지만 잘 익혀두지 않으면 필요한 상황에 생각이 나지 않으므로 잘 외워 두어야 한다.

어 불고기 피자 앤 투 글래씨즈 옵 콕.
A A Bulgogi Pizza and two glasses of coke.

인 토를. 써리나인 달러스.
In total, 39 dollars.

히얼 이즈 피프티 달러스.
B Here is 50 dollars.

땡큐. 아이 윌 깁 유 일레븐 달러스.
A Thank you. I will give you 11 dollars.

아이 띵크 유브 기븐 미 더 륑 췌인지.
B I think you've given me the wrong change.

이츠 텐 달러스.
It's 10 dollars.

A 불고기 피자 1개, 콜라 2잔. 총 39달러입니다.
B 50달러입니다.
A 감사합니다. 11달러 드릴게요.
B 거스름돈을 잘못 주신 것 같아요. 이건 10달러예요.

Tip

영어로 '총'을 in total이라고 한다. 여기서 total은 '전체의'라는 뜻이 있지만 이렇게 in과 함께 쓰이면 '총'을 나타낸다.

단어

bulgogi [불고기] 불고기
pizza [피자] 피자
glass [글래스] 잔
total [토럴] 전체

투 애플스 원 달러 앤 쓰리 버내너스
A Two apples 1 dollar and three bananas

투 달러스.
2 dollars.

두 유 테익 칼즈?
B Do you take cards?

예스, 위 두.
A Yes, we do.

히얼 이즈 마이 카드 앤 멤버쉽 카드.
B Here is my card and membership card.

A 사과 2개 1달러, 바나나 3개 2달러 입니다.
B 카드 받나요?
A 네, 됩니다.
B 카드와 회원카드 드릴게요.

➕PLUS 두 유 원 투 메익 어 멤버쉽 카드?
Do you want to make a membership card?
회원카드 만드시겠어요?

Tip

take의 또 다른 의미는 '받다'이다. '받다'라는 의미를 갖고 있는 단어는 receive가 있지만 일상회화에서는 take를 더 많이 쓴다. take는 구체적인 것, 추상적인 것을 받을 때 모두 쓰인다.

단어

apple [애플] 사과
banana [버내너] 바나나
take cards [테익 칼즈] 카드를 받다
membership card [멤버쉽 카드] 회원카드

익스큐즈 미. 캔 아이 오더 나우?
Excuse me. Can I order now?
저기요, 지금 주문할 수 있나요?

관련 표현

익스큐즈 미. 캔 유 뤠커멘드 미
Excuse me. Can you recommend me
어 딜리셔스 디쉬?
a delicious dish?
저기요, 맛있는 요리를 추천해주세요.

왓츠 더 모스트 스페셜 푸드 히얼?
What's the most special food here?
이곳에서 가장 특별한 요리가 무엇인가요?

PLUS

캔 아이 캔슬 마이 오더?
Can I cancel my order?
주문 취소해도 되나요?

위 두 낫 해브 인그리디언츠 포 댓.
We do not have ingredients for that.
그것을 위한 재료가 없어요.

Tip

영어로 '주문하다'를 order라고 한다. 이 단어는 명사로 '순서'라는 의미를 갖고 있다. 자주 쓰이는 단어이니 잘 외워두면 유용하게 사용할 수 있다.

익스큐즈 미. 캔 아이 오더 나우?
A Excuse me. Can I order now?

예스. 왓 두 유 원 투 오더?
B Yes. What do you want to order?

아이드 라이크 투 해브 어 텍사스 버거.
A I'd like to have a Texas Burger.

오케이. 웨잇 어 미닛.
B Okay. Wait a minute.

A 저기요, 지금 주문할 수 있나요?
B 네. 어떤 것을 주문하고 싶나요?
A 텍사스 버거 하나 주세요.
B 네, 잠시만 기다리세요.

 PLUS

쿠쥬 패스 미 더 쏠트?
Could you pass me the salt?
거기 소금 좀 주시겠어요?

Tip

우리나라는 햄버거 집이 대부분 체인점이지만 미국은 햄버거가 주식 중 하나이기 때문에 여러 가지 종류의 햄버거가 있다. 대표적인 햄버거가 텍사스 버거인데 텍사스 스타일로 만든 햄버거이다.

단어

order [오더] 주문하다
Texas [텍사스] 텍사스
a minute [어 미닛] 1분 (여기서는 잠시만이라는 뜻)

익스큐즈 미. 캔 아이 오더 나우?
A Excuse me. Can I order now?

왓 두 유 원 투 오더?
B What do you want to order?

왓츠 더 모스트 스페셜 푸드 히얼?
A What's the most special food here?

아월 뤠스토란트 이즈 페이머스 포 치킨
B Our restaurant is famous for chicken

슈림프 파스타.
shrimp pasta.

- -

A 저기요. 여기 주문이요.
B 어떤 것을 주문하시겠어요?
A 이곳에 어떤 특색요리가 있나요?
B 저희 가게는 치킨새우파스타로 유명합니다.

+PLUS 캔 아이 겟 썸 케첩?
Can I get some ketchup?
케첩을 좀 얻을 수 있을까요?

Tip
- -

음식점에 들어가면 무엇을 주문해야 할지 고민이 될 때가 있다. 그때는 추천 메뉴나 가장 인기 있는 음식이 무엇인지 물어보면 되는데 이때 유용한 표현이 'What's the most special food here?'이다.

단어
- -

special [스페셜] 특별한
restaurant [레스토랑] 음식점
shrimp [슈림프] 새우
pasta [파스타] 파스타

43 요리가 나오지 않을 때

월 아월 푸드 비 롱?
Will our food be long?
저희 요리는 아직 멀었나요?

관련 표현

웬 이즈 아월 푸드 커밍?
When is our food coming?
저희가 주문한 요리가 언제 나오죠?

위 오더드 올모스트 언 아월 어고우.
We ordered almost an hour ago.
거의 한 시간 전에 주문했어요.

PLUS

데얼 아 투 메니 피플 히얼.
There are too many people here.
여기 사람이 너무 많아요.

데이 니드 투 하이얼 모얼 월컬스.
They need to hire more workers.
직원을 더 뽑아야 할 것 같네요.

Tip

음식점에 가서 주문을 할 때 음식이 얼마나 걸리는 지 물어보고 싶을 때가 있다. 아직 멀었냐고 묻고 싶을 때는 long이라는 형용사를 쓰는데 원래 '길다'라는 뜻의 형용사지만 얼마나 멀었냐고 물을 때도 사용되는 단어이다.

월   아월 푸드   비 롱?
A Will our food be long?

렛 미 씨.   히얼   이즈 유어   버거.
B Let me see. Here is your burger.

아월   샐러드   해즈 낫   컴   옛.
A Our salad has not come yet.

오케이.   잇 윌   비 뤠디   인 어 미닛.
B Okay. It will be ready in a minute.

A 저희가 주문한 요리가 아직 멀었나요?
B 제가 좀 볼게요. 여기 주문하신 햄버거입니다.
A 샐러드는 아직 안 나왔어요.
B 네, 곧 준비될 것입니다.

PLUS

쏘리,   잇 워즈   낫   오더드.
Sorry, it was not ordered.
죄송합니다. 그건 주문되지 않았어요.

Tip

음식이 나온다고 말할 때 동사 'come'을 사용한다. come은 기본적으로 '오다'라는 의미를 갖고 있지만 이렇게 새로운 음식이나 물건, 혹은 영화가 나온다고 할 때도 쓰인다.

단어

long [롱] 긴, 오래 걸리는
here is [히얼 이즈] ~가 여기 있다
salad [샐러드] 샐러드
ready [뤠디] 준비된

하우 롱 숫 위 웨잇 포 아월 푸드?
A How long should we wait for our food?

위아 쏘리 포 더 딜레이. 히얼 이즈 유어 푸드.
B We're sorry for the delay. Here is your food.

땡큐 베리 머치.
A Thank you very much.

인조이 유얼 푸드.
B Enjoy your food.

A 우리가 주문한 것 얼마나 기다려야 하나요?
B 늦어져서 죄송합니다. 여기 주문하신 요리 나왔습니다.
A 감사합니다.
B 맛있게 드세요.

+PLUS

잇 테익스 롱, 벗 이츠 월스 잇.
It takes long, but it's worth it.
오래 걸리지만 그만큼 가치 있습니다.

Tip

늦어서 미안하다고 말할 때 사용하는 표현은 sorry for the delay이다. 여기서 sorry 뒤에 for를 쓰는 것이 중요하다. for가 이유를 나타내는 전치사이기 때문이다. 아주 유용한 표현이므로 잘 익혀서 사용해보자.

단어

delay [딜레이] 지연
enjoy your food [인조이 유얼 푸드] 맛있게 드세요 (eat deliciously 라고 하지 않음)
eat slowly [잇 슬로울리] 천천히 드세요

44 자리를 치워달라고 할 때

쿠쥬　　　　클린　업　더　테이블?
Could you clean up the table?
식탁 정리 좀 해주세요.

관련 표현

쿠쥬　　　　와입　더　테이블,　플리즈?
Could you wipe the table, please?
식탁 좀 닦아주세요.

유　캔　유즈　더　쿠아이어트 테이블.
You can use the quiet table.
조용한 자리를 이용하시면 됩니다.

PLUS

디쓰　테이블　이즈 쏘　코지.
This table is so cozy.
이 자리 정말 아늑하네요.

더　테이블 윌　비 뤠디　인 어 미닛.
The table will be ready in a minute.
자리는 1분 후에 준비될 것입니다.

Tip

영어에도 청소에 대한 다양한 단어들이 있다. 기본적으로 청소한다고 할 때는 clean을 쓰고 '닦다'는 wipe을 쓴다. 그리고 빗자루로 쓸 때는 sweep을 쓴다.

익스큐즈 미. 쿠쥬 클린 업 더 테이블?
A Excuse me. Could you clean up the table?

오케이, 왓 두 유 원 투 오더?
B Okay, what do you want to order?

원 랄쥐 치킨 피자 앤 투 어메리칸
A One large chicken pizza and two American
버거스.
burgers.

오케이, 플리즈 웨잇 어 쎄컨.
B Okay, please wait a second.

A 저기요, 식탁 좀 정리해주세요.
B 알겠습니다, 어떤 요리 주문하시겠어요?
A 치킨피자 큰 것 한 판하고, 아메리카 햄버거 두 개 주세요.
B 네, 잠시만 기다리세요.

➕PLUS 어 테이블 포 쓰리, 플리즈.
A table for three, please.
3명 자리 필요합니다.

Tip --

영어로 잠시만을 a second라고 한다. 여기서 second는 '두 번째'의 의미가
아니라 '초'라는 뜻을 갖는다. 직역하면 '1초만'이라는 뜻인데 의역을 해서 '
잠시'가 되는 것이다.

단어 --

clean [클린] 정리하다, 깨끗한
clean up [클린 업] 치우다
table [테이블] 식탁   **second** [세컨드] 초

쿠쥬 클린 업 더 테이블?
A Could you clean up the table?

오케이. 폴 피플?
B Okay, four people?

파이브. 원 펄쓴 이즈 고잉 투 컴 레잇.
A Five, one person is going to come late.

덴. 플리즈. 고우 투 더 랄쥐 테이블 오버 데얼.
B Then, please go to the large table over there.

A 식탁 좀 정리해주세요.
B 네, 네 분이신가요?
A 다섯 명이에요. 한 명은 늦게 올 거예요.
B 그럼 저기 큰 자리로 가세요.

 PLUS

메이 아이 씻 앳 디쓰 테이블?
May I sit at this table?
이 자리에 앉아도 되나요?

Tip

식당에 처음 들어가면 가장 먼저 받는 질문이 '몇 분이시죠?'이다. 우리나
라는 존칭을 강조하는 언어이기 때문에 몇 명, 몇 분 이라고 말을 하지만 영
어는 그냥 숫자만 말해도 된다.

단어

person [펄슨] 사람
large [라지] 큰
five [파이브] 다섯
over there [오버 데얼] 바로 저기

서비스에 대해 불만 표시할 때

아이 앰 낫 쌔티스파이드 윗 더 서비스 히얼.

I am not satisfied with the service here.

저는 이곳의 서비스에 만족하지 못합니다.

관련 표현

디쓰 플레이스 해즈 그뤠잇 푸드,

This place has great food,

벗 서비스 이즈 배드.

but service is bad.

이곳은 요리가 좋은데 서비스가 좋지 않아요.

아이 러브 디쓰 플레이스, 이스페셜리 푸드.

I love this place, especially food.

저는 이곳이 너무 좋아요. 특히 음식이요.

PLUS 아이 앰 낫 커밍 백 투 디쓰 플레이스.

I am not coming back to this place.

나는 이곳에 다시 오지 않을거야.

Tip

영어로 '만족하다'라고 말할 때는 satisfy라는 단어를 사용한다. 이 단어의 원래 뜻은 '만족시키다'이지만 be동사(am, are, is)와 함께 과거분사인 satisfied의 형태로 쓰이면 자신이 만족한다는 의미가 된다. 무엇에 만족했다고 말을 하고 싶으면 뒤에 with를 함께 써야 한다.

대화문 ❶

아이 해븐 해드 커피 히얼 포 러 와일.
A I haven't had coffee here for a while.

아이 컴 히얼 프리티 오픈.
B I come here pretty often.

데이 해브 그뤠잇 라떼.
They have great latte.

벗. 아이 앰 낫 쌔티스파이드 윗 더 서비스 히얼.
A But, I am not satisfied with the service here.

데어 서비스 이즈 뤼얼리 배드.
B Their service is really bad.

A 한동안 이곳에서 커피를 마시지 못했네요.
B 저는 여기 자주 와요. 라떼가 정말 맛있어요.
A 근데 전 이곳의 서비스가 만족스럽지 않아요.
B 서비스는 확실히 별로예요.

Tip

영어로 '마시다'를 drink라고 한다. 하지만 have도 쓸 수 있는데 '먹다', '마시다'의 뜻을 모두 갖고 있기 때문이다. 이렇게 영어의 기본 동사 중에는 다양한 의미를 갖고 있는 동사가 많다. 주로 더 많이 쓰일수록 다양한 의미를 갖고 있다.

단어

coffee [커피] 커피
for a while [포 러 와일] 한동안
latte [라떼] 라떼
bad [배드] 나쁜

대
화
문
❷

레츠 잇 아웃 포 디너.
A Let's eat out for dinner.

그뤠잇.
B Great.

하우 어바웃 더 치폴레 어크로스 더 스트릿.
How about the Chipotle across the street?

아이 앰 낫 쌔티스파이드 윗 데어 서비스.
A I am not satisfied with their service.

덴, 레츠 고우 썸웨얼 엘스.
B Then, let's go somewhere else.

- -

A 저녁에 나가서 먹어요.
B 좋아요. 건너편에 치폴레(멕시코 패스트푸드 음식점) 어때요?
A 저는 그곳 서비스가 만족스럽지 않아요.
B 그럼 다른 곳으로 가요.

PLUS 폴 미. 서비스 이즈 모얼 임폴턴트 댄 푸드.
For me, service is more important than food.
나에게 서비스는 음식보다 중요해.

Tip
- -

영어로 '외식하다'를 eat out이라고 한다. 여기서 eat은 '먹다'라는 뜻이고 'out'은 밖이라는 뜻이다. 직역을 해도 우리나라 말과 똑같으니 쉽게 외울 수 있다.

단어
- -

eat out [잇 아웃] 외식하다
across [어크로스] 가로질러
street [스츄릿] 거리 **somewhere** [썸웨얼] 어딘가

캔   아이 애스크 포 러   뤼펀드?

Can I ask for a refund?

환불이 가능한가요?

관련 표현

아이 돈   원   잇.

I don't want it.

캔   아이 애스크 포 러   뤼펀드?

Can I ask for a refund?

저는 원하지 않는데, 환불이 가능한가요?

이츠   어 빗   스몰.

It's a bit small.

캔   아이 겟 어 비거   원?

Can I get a bigger one?

좀 작은데, 큰 걸로 받을 수 있나요?

Tip

영어로 환불을 refund라고 한다. 이 단어는 명사, 동사 모두 사용 가능한 단어이다. 여기서 re는 '다시'의 뜻을 갖고 있는 접두어이고 fund는 '기금'이라는 뜻이다.

캔　아이 애스크 포 러 뤼펀드?
A Can I ask for a refund?

캔　아이 애스크 유 와이 유 원　투 겟 어
B Can I ask you why you want to get a

뤼펀드?
refund?

더　퀄리티　이즈 낫 애즈 굿　애즈 아이 쏘우 온 디
A The quality is not as good as I saw on the

인터넷.
Internet.

오케이.　아이 윌 깁　유　어 뤼펀드.
B Okay. I will give you a refund.

A 환불이 가능한가요?
B 죄송한데, 왜 환불하는지 물어봐도 될까요?
A 품질이 인터넷에서 본 것처럼 좋지 않아요.
B 좋습니다, 환불 처리해드리겠습니다.

Tip

영어로 품질을 quality라고 한다. 이 단어는 물건뿐만 아니라 사람의 특징에 대해서 이야기할 때도 많이 쓰이는 단어이므로 외워두면 유용하게 사용할 수 있다.

단어

refund [리펀드] 환불　**quality** [퀄리티] 품질, 성질
Internet [인터넷] 인터넷
on the Internet [온 디 인터넷] 인터넷에서

캔 아이 애스크 포 러　뤼펀드?
A Can I ask for a refund?

쏘리,　이츠 어 디스카운티드　　프로덕트,
B Sorry, it's a discounted product,

쏘 위 캔트 깁 유　어 뤼펀드.
so we can't give you a refund.

아이 보우트　잇 비코우즈　　이츠 췹,
A I bought it because it's cheap,

벗　이츠 어 빗 스몰.
but it's a bit small.

아이 앰 쏘리,　아이 캔트 두　에니띵.
B I am sorry, I can't do anything.

∙∙∙

A 환불이 가능한가요?
B 죄송합니다, 이 옷은 할인제품이라 환불이 안됩니다.
A 싸서 산 건데 좀 작아요.
B 죄송해요, 저도 방법이 없네요.

Tip

영어로 '할인하다'를 discount라고 한다. 여기서 dis는 '떨어지다'라는 뜻을 갖고 있고 count는 '숫자를 세는 것'을 의미하기 때문이다. 이 단어에 −ed 를 붙여서 discounted를 만들면 '할인된'이라는 형용사가 된다.

단어

discounted [디스카운티드] 할인된
because [비커즈] 왜냐하면　**a bit** [어 빗] 조금
small [스몰] 작은

한 치수 작은 것이 있는지 물을 때

두 유 해브 어 스몰러 원?
Do you have a smaller one?
더 작은 것 있나요?

관련 표현

두 유 해브 어 스몰 사이즈?
Do you have a small size?
작은 사이즈 있나요?

두 유 해브 어 미디움 사이즈?
Do you have a medium size?
중간 사이즈 있나요?

PLUS

사이지스 디펄 프럼 원 투 어나덜 브랜드.
Sizes differ from one to another brand.
사이즈가 브랜드마다 달라요.

마이 핏 갓 비걸.
My feet got bigger.
제 발이 더 커졌네요.

Tip

영어에서 비교하는 방법은 다양하다. 그 중 가장 대표적인 방법이 비교급이다. 비교급은 형용사나 부사 뒤에 -er을 붙여주면 된다. 예를 들어 small(작은)을 smaller로 만들면 '더 작은'이라는 뜻이 된다. 하지만 단어의 모음이 3개 이상일 경우에는 -er이 아니라 앞에 more를 써 준다. 예) beautiful (아름다운) -> more beautiful (더 아름다운)

두 유   해브   어 스몰러   원?
Ⓐ Do you have a smaller one?

아이 윌 룩   앳 잇 앳 더   웨어하우스.
Ⓑ I will look at it at the warehouse.

땡큐   베리   머치.
Ⓐ Thank you very much.

유 아 러키. 위 해브 왓   유   원트.
Ⓑ You are lucky. We have what you want.

온리 원   레프트.
Only one left.

Ⓐ 더 작은 것 있나요?
Ⓑ 창고에 가서 볼게요.
Ⓐ 감사합니다.
Ⓑ 운이 좋으시네요. 원하시는 것이 있어요. 딱 하나 남았어요.

➕PLUS 더   라스트 원   워즈   저스트 솔드   아웃.
The last one was just sold out.
마지막 것이 방금 팔렸어요.

Tip

영어로 '운이 좋은'을 lucky라고 한다. 이 단어는 '운'이라는 뜻의 luck에서
온 것이다. 이렇게 명사에 y를 붙이면 형용사가 되는 경우가 많이 있다. 또
다른 예로는 hand –〉handy가 있다. hand는 '손'이라는 뜻이고 handy는
'편리한'이라는 뜻이다.

단어
----

ware [웨어] 물품, 용품
warehouse [웨어하우스] 창고
lucky [럭키] 운이 좋은   **left** [레프트]

두 유 해브 어 스몰 사이즈?
A Do you have a small size?

쏘리. 댓츠 디 온리 띵 위 해브.
B Sorry. That's the only thing we have.

왓 어 쉐임!
A What a shame!

덴. 두 유 해브 디쓰 인 어 디퍼런트 컬러?
Then, do you have this in a different color?

예스. 이츠 페이디드 블루. 렛 미 쇼우 유.
B Yes, it's faded blue. Let me show you.

A 작은 사이즈 있나요?
B 죄송해요. 그것 밖에 없네요.
A 아쉽네요. 그러면 다른 색은 있나요?
B 있어요, 옅은 파란색인데, 제가 보여드릴게요.

➕ PLUS
디쓰 원 이즈 투 컬러풀.
This one is too colorful.
이건 너무 다채로워요.

(Tip)

영어로 '옅은'을 faded라고 한다. 이 단어는 fade라는 동사에서 나왔다. fade는 '서서히 사라지다'라는 뜻인데 형용사가 되어 '옅은'이라는 뜻이 된 것이다. 옷에 대해 이야기 할 때 특히 많이 나오는 단어이다.

(단어)
----

size [사이즈] 사이즈
shame [쉐임] 부끄러운, 부끄러움
color [컬러] 색깔 **faded** [페이디드] 옅은

48 얼마나 기다려야 하는지 물을 때

하우 롱 슛 아이 웨잇?

How long should I wait?

얼마나 기다려야 하죠?

관련 표현

하우 롱 더즈 잇 테익?

How long does it take?

얼마나 걸려요?

하우 매니 모얼 데이즈 슛 아이 웨잇?

How many more days should I wait?

며칠을 더 기다려야 하죠?

PLUS

아이 캔트 웨잇 에니모얼.
I can't wait anymore.
더 이상 못 기다려요.

아임 뤄닝 아웃 옵 페이션스.
I'm running out of patience.
저는 인내심이 없어지고 있어요.

Tip

should는 '~를 해야 한다'라는 뜻을 갖고 있다. 영어에는 이렇게 의무를 이야기할 때 쓰는 다양한 표현이 있다. 다른 표현으로는 must, have to가 있다. must가 가장 강한 의무의 표현이고 should는 의미가 그렇게 강하지 않아서 권장의 느낌이다.

아이 앰 리빙   디 오피스 쑨.
A I am leaving the office soon.

플리즈   웨잇 앳 디 엔트런스.
Please wait at the entrance.

하우 롱   숫   아이 웨잇?
B How long should I wait?

어바웃   텐 미니츠.
A About 10 minutes.

오케이.
B Okay.

A 제가 곧 퇴근하는데 입구에서 기다려주세요.
B 얼마나 기다리면 되죠?
A 10분 정도요.
B 알겠어요.

Tip

영어로 '퇴근하다'를 leave the office라고 한다. leave가 '떠나다'이고 office가 '사무실'이기 때문이다. 여기에 the를 붙이는 것은 중요한데 영어에서는 화자와 청자가 이미 알고 있는 특정한 사물에 대해 이야기할 때는 the, 정해지지 않았을 때는 a/an을 쓰기 때문이다. the office는 자신이 일하는 곳이고 정해진 특정한 장소이기 때문에 the를 써야 한다.

단어

leave [리브] 떠나다   **office** [오피스] 사무실
entrance [엔츄런스] 입구 (건물의 입구)
exit [엑싯] 출구

A How long should I wait?
하우 롱 슛 아이 웨잇?

B I need thirty minutes because of the traffic
아이 니드 써리 미니츠 비코우즈 옵 더 트래픽
jam.
잼.

A Okay, take your time.
오케이, 테익 유어 타임.

Drive safely.
드라이브 쎄이플리.

B I am sorry for the delay.
아이 앰 쏘리 포 더 딜레이.

A 제가 얼마나 기다려야 하죠?
B 30분 정도가 필요해요. 교통체증 때문에요.
A 네, 천천히 오세요. 안전 운전하시고요.
B 늦어져서 죄송해요.

Tip

영어로 '때문에'를 because라고 한다. because는 접속사이기 때문에 뒤에 주어와 동사가 있는 문장이 와야 한다. 하지만 위의 경우처럼 명사 하나만 쓰고 싶으면 뒤에 of를 써서 because of ~라고 하면 된다.

단어

thirty [떨티] 30 **because of** [비커즈 오브] 왜냐하면
traffic [츄래픽] 교통
traffic jam [츄래픽 잼] 교통체증

49 가장 빠른 표를 물어볼 때

왓　　　타임　　이즈 더　　패스티스트　　원?
What time is the fastest one?
가장 빠른 것이 몇 시죠?

관련 표현

왓　　　타임　　이즈 디　　얼리스트　　　원?
What time is the earliest one?
가장 이른 것이 몇 시죠?

왓　　　타임　　더즈　　더　　펄스트　트레인　　디파트?
What time does the first train depart?
첫 기차는 몇 시에 출발하죠?

PLUS

올　티켓츠　　워　　솔드　　아웃.
All tickets were sold out.
모든 표가 팔렸어요.

디　　얼리얼,　　더　　베럴.
The earlier, the better.
이르면 이를수록 좋다.

Tip

영어의 비교 중 최고의 것을 표현하는 것을 최상급이라고 한다. 최상급은 형용사나 부사에 -est를 붙이고 3음절 이상인 단어 앞에는 most를 쓴다. 예를 들어 fast(빠른)를 최상급으로 만들면 fastest (가장 빠른)가 된다.

아이 원 어 티켓 투 보스턴 포 에잇 투웬티 에이엠
A I want a ticket to Boston for 8:20 am

투머로우 모닝.
tomorrow morning.

위 돈 해브 어 티켓 포 에잇 투웬티 에이엠.
B We don't have a ticket for 8:20 am.

웬 더즈 더 펄스트 트레인 리브?
A When does the first train leave?

투머로우 투 투웬티파이브 피엠.
B Tomorrow 2:25 pm.

A 보스턴으로 가는 내일 아침 8시20분 표 한 장 주세요.
B 8시20분 표는 없어요.
A 첫 기차가 몇 시에 떠나죠?
B 내일 오후 2시 25분입니다.

+PLUS 더 쎄컨 츄레인 마잇 비 베럴.
The second train might be better.
두 번째 기차가 좋겠네요.

Tip

'~로 가는 표'라고 말을 할 때는 ticket to ~라고 한다. 여기서 to는 '~로'의 뜻을 갖고 있다. 기차역이나 공항을 가면 train(기차) to ~, plane(비행기) to ~라는 표현을 많이 듣게 된다.

단어

Boston [보스턴] 보스턴 (미국 동부의 도시)
ticket [티켓] 표
morning [모닝] 아침   **train** [트레인] 기차

왓　　　타임　　이즈 디　얼리스트　　원　　투 뉴욕?
A What time is the earliest one to New York?

이츠　포 써리 피엠.
B It's 4:30 pm

아이 윌 테익　　댓.
A I will take that.

오케이.　나인티 달러스　　포 러　티켓.
B Okay, 90 dollars for a ticket.

A 뉴욕으로 가는 가장 **빠른** 것은 몇 시죠?
B 오후 4시 30분입니다.
A 그 차로 갈게요.
B 네. 1장에 90달러입니다.

 PLUS
웬　　　이즈 더　　라스트 츄레인?
When is the last train?
마지막 기차가 언제죠?

Tip

영어로 사물을 나타내는 단어는 다양하다. 가장 대표적인 것이 thing과 stuff이다. 하지만 하나의 정해진 사물을 이야기할 때는 숫자 one을 쓸 수 있다.

단어

what time [왓 타임] 몇 시
one [원] 하나 (여기서는 '것')
earliest [얼리스트] 가장 이른 *시간을 말할 때는 시간을 말하고 분을 말하면 된다.
latest [레이티스트] 가장 늦은

아이 해브 어 피버, 앤 아이 필 테러블.
I have a fever, and I feel terrible.
저는 열이 있고 몸이 안 좋습니다.

관련 표현

아이 해브 어 뤄닝 노우즈 앤 코프.
I have a running nose and cough.
콧물이 나오고, 기침을 합니다.

아이 해브 어 쏘얼 쓰롯 앤 코프.
I have a sore throat and cough.
목도 아프고 또한 기침도 합니다.

PLUS

마이 와이프 해즈 어 모닝 씨크니스.
My wife has a morning sickness.
내 아내는 입덧이 있어.

노 원 캔 어보이드 디지지스.
No one can avoid diseases.
누구도 병을 피해갈 수 없다.

Tip

영어로 고통이 있다고 할 때는 동사 have를 주로 쓴다. have는 '가지고 있다'는 뜻인데 뒤에 쓰는 증상을 갖고 있다는 뜻이 된다.

A 왓 씸스 투 비 더 프라블럼?
A What seems to be the problem?

아이 해브 어 피버 앤 아이 필 테러블.
B I have a fever and I feel terrible.

렛 미 씨. 유 코웃 어 콜드.
A Let me see. You caught a cold.

이즈 잇 씨리어스? 이프 이츠 낫,
B Is it serious? If it's not,

아이 프리펄 낫 투 겟 어 샷.
I prefer not to get a shot.

A 어디가 불편하죠?
B 저는 열이 있고 몸이 안 좋습니다.
A 제가 한번 볼게요. 감기에 걸리셨네요.
B 심한가요? 그렇게 심하지 않으면 주사는 안 맞았으면 좋겠어요.

Tip

영어로 감기가 걸렸다고 할 때는 catch a cold를 쓴다. 여기서 catch는 원래 '잡다'라는 뜻이지만 여기서는 '걸리다'의 뜻이 된다. 위의 표현은 catch의 과거형인 caught가 쓰인 것이다.

단어

fever [피벌] 열
terrible [테러블] 끔찍한, 몸이 안 좋은
caught [코웃트] 잡았다, 걸렸다
cold [콜드] 감기
serious [씨리어스] 심한

대화문 ❷

아이 해브 어 뤄닝　　노우즈 앤　코프.
A I have a running nose and cough.

오픈　유얼　마우스　앤　쎄이 아.
B Open your mouth and say ahhh.

유　해브　코웃　더 플루.
You have caught the flu.

이즈 잇 씨리어스?
A Is it serious?

이츠 낫 댓　배드.　히얼　이즈 더　프리스크립션.
B It's not that bad. Here is the prescription.

테익　잇 투 더　팔머씨.
Take it to the pharmacy.

A 콧물이 나오고, 기침을 합니다.
B 아 해보세요. 독감에 걸리셨네요.
A 심각한가요?
B 그렇게 나쁘지 않아요. 여기 처방전이 있습니다. 약국에 가져가
세요.

Tip

영어로 run은 '달리다'라는 뜻이다. 하지만 이 단어가 콧물이나 눈물과 함
께 쓰이면 '흐르다'라는 뜻이 된다. 그래서 '눈물이 흘러내리다' 라고 말하고
싶으면 Tears are running down이라고 쓸 수 있다.

단어

---

nose [노우즈] 코　**cough** [코프] 기침　**flu** [플루] 독감
prescription [프리스크립션] 처방
pharmacy [팔머시] 약국

5

의견

자신의 의견 혹은 상대방의 의견에 동의하거나
반대하는 일이 있습니다.
누군가의 의견에 대한 여러 상황의 표현을 정
리하였습니다.

51 | 의견에 동의할 때

아이 어그리 윗 유어 오피니언.
I agree with your opinion.
당신의 의견에 동의합니다.

관련 표현

아이 어그리 윗 유.
I agree with you.
당신에게 동의합니다.

아이 띵크 유 아 롸잇.
I think you are right.
저는 당신이 맞다고 생각합니다.

+PLUS
아이 앰 윗 유 온 디쓰.
I am with you on this.
저는 이 부분에서 당신과 같아요.

쎄임 히얼.
Same here.
저도 그래요.

Tip

agree는 '동의하다'라는 뜻이다. agree 뒤에는 to와 with를 쓸 수 있는데 to를 쓰면 뒤에 사물을 써야 하고 with를 쓰면 사람과 사물 모두 쓴다.

아이 어그리 윗   유어   오피니언.
A I agree with your opinion.

뤼얼리?
B Really?

땡큐   포   어그링   윗   마이 오피니언.
Thank you for agreeing with my opinion.

아이 빌리브   유어   써제스쳔   이즈 베리 프랙티컬.
A I believe your suggestion is very practical.

아이 앰 쏘 해피   댓   아이 멧 서취   언 언바이어스드
B I am so happy that I met such an unbiased

코워커   라이크 유.
coworker like you.

A 당신의 의견에 동의합니다.
B 정말요? 저의 의견에 동의해주셔서 감사합니다.
A 저는 당신의 제안이 아주 실질적이라고 생각합니다.
B 저는 정말 이렇게 객관적인 직장동료를 만날 수 있어서 기쁩니다.

Tip

영어로 자신의 생각을 말할 때 쓰는 동사는 다양하다. 대표적인 것이 think와 believe이다. think는 '생각하다'이기 때문에 많이 쓰이고 believe는 '믿다'라는 뜻이지만 think만큼 자주 쓰이는 단어이다.

단어

agree [어그리] 동의하다 **opinion** [오피니언] 의견
suggestion [서제스쳔] 제안 **practical** [프랙티컬] 실질적인
unbiased [언바이어스드] 객관적인 **coworker** [코월컬] 동료

아이 어그리 윗 유어 오피니언.
A I agree with your opinion.

이츠 저스트 마이 오피니언. 하우 어바웃 아덜스?
B It's just my opinion. How about others?

왓 두 유 띵크?
What do you think?

예. 더 모어 오피니언즈 위 해브.
A Yeah, the more opinions we have,

더 베러 리절트 위 캔 겟.
the better result we can get.

땡큐 폴 유어 써포트.
B Thank you for your support.

A 저는 당신의 의견에 동의합니다.
B 단지 제 개인 생각이에요. 다른 분들은 어때요? 어떻게 생각하세요?
A 네, 의견이 많을수록 더 좋은 결과를 얻을 수 있죠.
B 당신의 지지에 감사합니다.

Tip

영어로 의견을 물어볼 때 가장 흔하게 쓰이는 말이 What do you think? 이다. 이 표현은 옷을 샀을 때나 물건을 샀을 때, 등등 의견을 물어볼 때는 언제든지 쓸 수 있는 표현이다.

단어

better [베럴] 더 나은 **worse** [월스] 더 나쁜
others [아덜스] 다른 이들 **result** [리절트] 결과

52 의견에 반대할 때

아이 돈　　 어그리　　 윗　　 유어　　 오피니언.
I don't agree with your opinion.
당신의 의견에 동의하지 않습니다.

관련 표현

아이 돈　　 어그리　　 윗　　 유어　　 쏘웃트.
I don't agree with your thought.
당신의 생각에 동의하지 않습니다.

아이 디스어그리　　 윗　　 히스　쎠제스쳔.
I disagree with his suggestion.
저는 그의 건의를 반대합니다.

PLUS

아　유　슈얼　어바웃　댓?
Are you sure about that?
그것에 대해 확실해요?

아이 돈　　 노우　　 어바웃　　 댓.
I don't know about that.
그것에 대해서는 잘 모르겠는데요.

Tip

agree의 반의어는 disagree이다. 여기서 dis는 반대의 의미를 더
해준다. 이렇게 영어 단어 중에는 dis와 합쳐져서 반의어가 되는 경
우가 많이 있다. 또 다른 예로는 satisfaction (만족) <-> dissat-
isfaction (불만족)이 있다.

A 왓 두 유 띵크 옵 마이 써제스천.
A What do you think of my suggestion?

B 아이 두 낫 어그리 윗 유어 오피니언.
B I do not agree with your opinion.

A 댓츠 오케이. 쿠쥬 텔 미 와이?
A That's okay. Could you tell me why?

B 아이 띵크 아월 테크놀로지 이즈 낫 디벨롭트
B I think our technology is not developed

이너프 투 두 댓.
enough to do that.

A 제가 제시한 의견에 어떻게 생각하시나요?
B 저는 당신의 의견에 동의하지 않습니다.
A 괜찮아요. 왜 그런지 말씀해 주실 수 있나요?
B 제 생각에는 우리의 기술이 그것을 할 만큼 발전한 것 같지 않아요.

Tip

노래 가사 중에 tell me why라는 표현을 들어본 적이 있을 것이다. 이 표현은 이유를 말해 달라는 뜻이다. 하지만 이렇게 동사를 맨 먼저 쓰면 명령형이 되고 예의 있게 보이지 않을 수 있기 때문에 앞에 Could you를 붙여 주는 것이 낫다.

단어

think of [띵크 옵] ~에 대해 생각하다
tell me why [텔 미 와이] 왜 그런지 말해주세요
technology [테크놀로지] 기술   **developed** [디벨롭트] 발전된

아이 디스어그리 윗 　유어　 오피니언.
A I disagree with your opinion.

쿠쥬 　　텔 미　 와이 유 돈 　어그리
B Could you tell me why you don't agree

윗 　미?
with me?

아이 돈 　띵크 　디쓰 　써제스쳔 　　이즈 리얼리스틱.
A I don't think this suggestion is realistic.

아이 씨 왓 　유 　민.
B I see what you mean.

A 저는 당신의 의견에 반대합니다.
B 동의하지 않는 이유를 말해줄 수 있나요?
A 제 생각에는 이 제안은 현실적이지 않은 것 같습니다.
B 무슨 말인지 알겠어요.

Tip

영어로 현실적으로 가능한지 안 한지를 표현하는 단어는 realistic이다. 어떤 계획이 realistic하면 현실적으로 가능하다는 것이고 그렇지 않으면 불가능하다는 것이다. 아주 유용한 단어이므로 잘 외워두면 유용하게 사용할 수 있다.

단어

disagree [디스어그리] 반대하다
realistic [뤼얼리스틱] 현실적인
mean [민] 의미하다
I see [아이 씨] 나는 본다 (여기서는 이해한다)

아이 앰 어프레이드 아이 캔트   헬프   유.
I am afraid I can't help you.
죄송한데 도와드릴 수 없네요.

관련 표현

아이 앰 어프레이드 아이 캔트   깁   언   앤썰   투
I am afraid I can't give an answer to
유어   리퀘스트.
your request.
죄송한데, 제가 당신의 요구에 답을 할 수 없습니다.

아이 앰 어프레이드 아이 캔트   렌드   유   머니.
I am afraid I can't lend you money.
죄송한데, 제가 당신에게 돈을 빌려줄 수 없습니다.

PLUS
아이 앰 낫 더 베스트 펄슨   투 애스크.
I am not the best person to ask.
저는 그 요구에 합당한 사람이 아니죠.

Tip

영어로 I am afraid라고 말을 하고 문장을 말하면 그러한 일에 대
해 죄송하다는 뜻이 된다. 하지만 afraid 뒤에 of와 명사를 쓰면 명
사로 인해서 두렵다는 뜻이 된다.
예) I am afraid of you. 나는 네가 두렵다.

아이 앰 어프레이드 아이 캔트 헬프 유.
A I am afraid I can't help you.

대츠   오케이. 아이 윌 애스크 썸원   엘스.
B That's okay. I will ask someone else.

하우   어바웃   잭?
A How about Jack?

히스 잉글리쉬   이즈 베러   댄   마인.
His English is better than mine.

오케이.   아이 윌 두 댓.
B Okay, I will do that.

A 죄송한데 도와드릴 수 없네요.
B 괜찮아요. 제가 다른 분에게 물어보죠.
A 잭 어때요? 영어를 저보다 잘해요.
B 네, 그렇게 할게요.

+PLUS
아이 노우 썸원   후 캔   헬프 유.
I know someone who can help you.
저 당신을 도와줄 사람 알아요.

Tip --------------------------------

영어로 더 좋다고 말을 할 때는 better라는 단어를 쓴다. 이 단어는 good (좋은)의 비교급이다. 원래 비교급은 −er이나 more를 붙이지만 이렇게 불규칙하게 변하는 단어들도 있다.

단어 --------------------------------

afraid [어프레이드] 염려하는, 유감인
someone else [썸원 엘스] 또 다른 사람
else [엘스] 이미 언급된 것 이외의
mine [마인] 나의 것

아이 앰 어프레이드 아이 캔트 헬프 유.
A I am afraid I can't help you.

댓츠 파인.
B That's fine.

액추얼리, 아이 앰 니얼리 브로크 나우어데이즈.
A Actually, I am nearly broke nowadays.

아이 언더스탠드. 아이 윌 애스크 썸원 엘스.
B I understand. I will ask someone else.

A 죄송한데 도와드릴 수 없네요.
B 괜찮아요.
A 사실 제가 요즘 금전적으로 너무 힘들어서요.
B 이해해요. 다른 분에게 물어볼게요.

+PLUS

아이 위시 아이 쿳 헬프 유.
I wish I could help you.
당신을 도와줄 수 있었으면 좋겠어요.

Tip

broke는 '파산한'이라는 뜻을 갖고 있다. 이 단어는 '깨다'라는 뜻의 break 의 과거 형태와 똑같이 생겼다. 하지만 이렇게 형용사로 쓰이면 전혀 다른 의미를 갖는다.

단어

nearly [니얼리] 거의
fine [파인] 괜찮은
actually [액츄얼리] 사실
broke [브록] 파산한

두 유 해브 에니 오피니언?

Do you have any opinion?
무슨 의견이 있나요?

관련 표현

왓 아 유 띵킹?

What are you thinking?
어떤 생각을 하고 계시나요?

왓 두 유 띵크?

What do you think?
어떻게 생각하시나요?

PLUS

아이 원 투 히얼 유얼 오피니언.

I want to hear your opinion.
당신 의견을 듣고 싶어요.

아이 룩 포워드 투 히어링 유얼스.

I look forward to hearing yours.
당신 의견을 듣는 걸 기대해요.

Tip

영어권 나라들은 우리나라보다 의견을 이야기하는 것이 더 자연
스럽다. 전체보다 개개인의 생각을 존중하는 문화가 발달했기 때
문이다. 물론 그렇다고 다른 사람의 감정을 생각하지 않는다는 것
은 아니다. 다른 사람을 존중하면서 자신의 생각을 자유롭게 나누
도록 한다.

두 유 해브 에니 오피니언?
A Do you have any opinion?

아이 띵크 디쓰 플랜 이즈 원더풀.
B I think this plan is wonderful.

노 아더 오피니언.
No other opinion.

오케이, 덴 위 윌 스틱 투 디쓰 플랜.
A Okay, then we will stick to this plan.

아이 홉 아월 컴퍼니 윌 프라스퍼 모얼
B I hope our company will prosper more

디쓰 이얼.
this year.

A 무슨 의견이 있나요?
B 제 생각에는 이 계획이 훌륭해요. 어떤 의견도 없어요.
A 네, 그럼 이 계획으로 가겠습니다.
B 저희 회사가 올해 더 번창하길 바랍니다.

Tip

영어로 stick to ~라고 하면 '~를 고수하다'라는 뜻이다. 특히 어떤 계획이나 방법을 계속해서 사용한다고 말할 때 아주 유용한 표현이다.

단어

plan [플랜] 계획
wonderful [원더풀] 훌륭한, 놀라운
stick to [스틱 투] ~를 고수하다
prosper [프라스펄] 번창하다

두 유 해브 에니 오피니언 온 디쓰 매럴?
A Do you have any opinion on this matter?

아이 띵크 위 니드 투 디스커스 잇 어게인 레이럴
B I think we need to discuss it again later

윗 더 프레지던트.
with the president.

왓 두 유 민?
A What do you mean?

더 프레지던트 마잇 해브 썸 아덜 아이디어스.
B The president might have some other ideas.

대화문 ②

A 이 문제에 대해 무슨 의견이 있나요?
B 제 생각에는 회장님과 이 계획은 다시 의논을 해야 할 것 같아요.
A 무슨 말씀이죠?
B 회장님은 다른 생각을 가지고 계실 거예요.

Tip

영어에서 '문제'를 뜻하는 단어는 많이 있다. 위에 나온 matter은 어떠한 상황이나 주제를 의미한다. 또 다른 단어들로는 issue나 problem이 있다. issue는 화제가 되고 있는 문제를 의미하고 problem은 고쳐야 할 부분이 있는 문제를 의미한다.

단어

matter [매럴] 문제
discuss [디스커스] 의논하다
later [레이럴] 이후에
idea [아이디어] 생각

아이 돈 노우 왓 투 바이.
I don't know what to buy.

두 유 해브 에니 뤠커멘데이션스?
Do you have any recommendations?

제가 무엇을 사야 할지 모르겠습니다. 추천 좀 해주세요.

관련 표현

아이 해븐 메이드 어 디씨젼 옛.
I haven't made a decision yet.

쿠쥬 픽 어 컬러 포 미?
Could you pick a color for me?

제가 결정하지 못했습니다. 적합한 색을 골라주실 수 있나요?

데얼 아 투 메니. 픽 원 펄스트.
There are too many. Pick one first.

너무 많네요. 먼저 하나 골라보세요.

Tip

영어로 '결정하다'를 decide라고 한다. 하지만 이 단어를 풀어서 make a decision이라고도 할 수 있다. 영어에는 이렇게 같은 표현을 나눠서 표현하는 경우도 많이 있다. 또 다른 예로는 emphasize (강조하다) -> put an emphasis on (강조하다)이 있다.

아이 돈 노우 왓 투 바이.
A I don't know what to buy.

두 유 해브 에니 뤠커멘데이션스?
Do you have any recommendations?

디쓰 체크 코트 이즈 더 모스트 파퓰러 원
B This check coat is the most popular one

디쓰 윈터.
this winter.

두 유 해브 어 미디움 싸이즈?
A Do you have a medium size?

예스. 플리즈 트라이 잇.
B Yes, please try it.

A 무엇을 사야 할지 모르겠는데 추천 좀 해주세요.
B 이 체크코트가 올 겨울 가장 유행하는 것이에요.
A 중간 사이즈 있나요?
B 있어요, 한번 입어 보세요.

Tip

영어로 사이즈를 말할 때 큰 사이즈는 large라고 하고 중간 사이즈는 me-dium, 그리고 작은 사이즈는 small이라고 한다. 간단한 표현들이지만 필요한 순간에 생각이 나지 않을 수 있으니 잘 외워 두어야 한다.

단어

recommendation [레커멘데이션] 추천
check coat [체크 코트] 체크 코트
winter [윈털] 겨울 **medium** [미디움] 중간의

대화문 ❷

아이 돈 노우 왓 투 바이.
A I don't know what to buy.

두 유 해브 에니 뤠커멘데이션스?
Do you have any recommendations?

이츠 어 뉴 스마트폰.
B It's a new smartphone.

보쓰 퀄리티 앤 디자인 아 굿.
Both quality and design are good.

뗀, 플리즈 쇼우 미.
A Then, please show me.

오케이.
B Okay.

∙∙∙

A 무엇을 사야 할지 모르겠는데 추천 좀 해주세요.
B 이것은 새로 나온 스마트폰이고 품질도 좋고, 디자인도 예쁩니다.
A 그럼 한번 보여주세요.
B 알겠습니다.

Tip

영어의 what은 기본적으로 '무엇'이라는 뜻을 갖고 있지만 다양한 용법이 있다. 위의 용법처럼 what to ~라고 하면 '~할 것'이라는 뜻이 된다. 예를 들어 what to wear이라고 하면 '입을 것'이 되고 what to eat이라고 하면 '먹을 것'이 된다.

단어

what to [왓 투] ~할 것   **phone** [폰] 전화기, 핸드폰
smartphone [스마트폰] 스마트폰   **design** [디자인] 디자인

56 입장을 바꿔 생각하라고 할 때

풋   유어셀프   인   마이   슈즈.
Put yourself in my shoes.
입장을 바꿔서 생각해보세요.

관련 표현

플레이쓰   유어셀프   인   마이   씨츄에이션.
Place yourself in my situation.
입장을 바꿔 생각해보세요.

이매진   유   아   인   히스/허   슈즈.
Imagine you are in his/her shoes.
상대방의 입장에서 생각해보세요.

PLUS

트라이 투   엠퍼싸이즈   윗   헐/힘.
Try to empathize with her/him.
그/그녀와 공감하려고 해보세요.

아이 원   투 노우   모얼   어바웃   유얼   시츄에이션.
I want to know more about your situation.
당신의 상황을 더 알고 싶어요.

Tip

Put yourself in my shoes를 직역하면 '당신을 저의 신발에 넣어
보세요'가 된다. 이것은 은유적인 표현인데 자신의 입장이 되어 보
라는 의미를 갖고 있고 아주 자주 쓰이는 표현이다.

아이 앰 쏘 어노이드!
A **I am so annoyed!**

후 메이드 마이 다우럴 앵그리?
B **Who made my daughter angry?**

이츠 유어 썬인로.
A **It's your son-in-law.**

히 컴스 백 홈 투 레잇.
He comes back home too late.

이즌 잇 비코우즈 옵 월크?
B **Isn't it because of work?**

트라이 투 풋 유어셀프 인 히즈 슈즈.
Try to put yourself in his shoes.

A 짜증나 죽겠어요!
B 누가 우리 딸을 화나게 했어?
A 당신의 사위예요! 너무 늦게 집에 와요.
B 일 때문이지 않니? 그의 입장에서 생각을 해봐.

Tip

영어로 사위를 son-in-law라고 한다. 여기서 in-law가 '법으로'라는 의미를 갖고 있다. 원래 아들은 아니지만 결혼이라는 법칙 안에서는 아들이라는 뜻이 되고 의역해서 사위가 된다.

단어

annoyed [어노이드] 짜증난
angry [앵그리] 화가 난
daughter [다우럴] 딸
son-in-law [썬인로] 사위

해브 유 플레이쓰드 유어셀프 인 허 씨츄에이션?
A Have you placed yourself in her situation?

아이브 네벌 던 댓.
B I've never done that.

올웨이즈 풋 유어셀프 인 아덜즈 슈즈.
A Always put yourself in others' shoes.

유 캔 언덜스탠드 뎀.
You can understand them.

아이 노우 댓. 벗 댓츠 낫 이지.
B I know that, but that's not easy.

A 그녀의 입장이 되어본 적이 있어요?
B 그렇게 해본 적 없어요.
A 항상 입장을 바꿔 생각을 해봐요. 상대방이 이해돼요.
B 저도 그건 알지요. 그런데 쉽지가 않아요.

PLUS 잇 이즈 이지얼 쎄드 댄 던.
It is easier said than done.
하는 것보다 말하는 게 쉽죠.

Tip

영어로 '이해하다'를 understand라고 한다. 이 단어는 under(아래)와 stand(서다)가 합쳐진 단어이다. 상대방을 이해하기 위해서는 그 사람보다 높은 곳에 있지 않고 그 사람의 위치에 내려와 함께 서 봐야 하기 때문이다.

단어

place [플레이스] 위치시키다
situation [시츄에이션] 상황
easy [이지] 쉬운 **shoe** [슈] 신발

낫띵   인 라이프 이즈 프리.

Nothing in life is free.

세상에는 공짜가 없다.

관련 표현

데얼   이즈 노 써취   띵   애즈 어 프리   런치.

There is no such thing as a free lunch.

세상에 공짜 점심은 없다. (속담)

돈   이븐   띵크   어바웃   잇.

Don't even think about it.

헛된 생각 하지 마.

PLUS

노   페인.   노 게인.

No pain, no gain.

고통이 없이는 얻는 것도 없다.

두   유얼   베스트 앤   유   윌   겟   잇.

Do your best, and you will get it.

최선을 다하면 얻을 거예요.

Tip

우리나라에서도 '~ 같은 것 없어요'라고 말을 할 때가 있다. 영어
도 이와 똑 같은 표현이 있다. 바로 There is no such thing as ~
이다. 아주 유용한 표현이므로 외워두면 필요한 상황에 쓸 수 있다.

아이 앰 낫 인 어 굿   무드   나우어데이즈.
A **I am not in a good mood nowadays.**

와이?
B **Why?**

웬   캔   아이 파인드 마이 미스터 롸잇 후   이즈
A **When can I find my Mr. Right who is**

핸썸   앤   리치?
handsome and rich?

웨이크 업!   낫띵   인 라이프 이즈 프리.
B **Wake up! Nothing in life is free.**

A 최근에 기분이 좋지 않아요.
B 왜요?
A 제가 언제 잘생기고 돈 많은 임자를 찾을 수 있을까요?
B 꿈 깨세요! 세상에 공짜가 어디 있어요.

 PLUS   비 어 베럴   펄슨   투 밋   어 베럴.   펄슨.
Be a better person to meet a better person.
더 나은 사람을 만나려면 더 나은 사람이 돼요.

Tip ─────────────────────────────────

영어로 기분이 좋다고 표현하는 방법은 여러 가지이다. 그냥 happy(행복한)를 쓸 수도 있지만 위의 표현처럼 in a good mood라고 해도 된다. 반대 표현은 in a bad mood이다.

단어 ─────────────────────────────────

mood [무드] 분위기   **rich** [리치] 부자인
wake up [웨이컵] 일어나
Mr. Right [미스터 롸잇] 딱 맞는 남편감

낫띵   인 라이프 이즈 프리.
A Nothing in life is free.

왓츠   뤙   윗   힘?
What's wrong with him?

후   아 유   토킹   어바웃?
B Who are you talking about?

마이 브라더.   히 띵스   히 캔   바이
A My brother. He thinks he can buy

해피니스   윗   머니.
happiness with money.

아이 씨. 유얼   브라더   씸즈   투 비 언
B I see. Your brother seems to be an

인터레스팅   펄쓴.
interesting person.

A 세상에 공짜가 어디 있어요. 그에게 뭐가 문제지?
B 누구 말하는 거예요?
A 저희 형이요. 자신의 행복을 돈으로 살 수 있다고 생각해요.
B 그렇군요. 형이 흥미로운 사람인 것 같네요.

Tip

with는 기본적으로 '~와 함께'라는 뜻을 갖고 있다. 그래서 with him이라고 하면 '그와 함께'가 된다. 하지만 with 뒤에 사물이 오면 '그 사물을 가지고'가 된다. 그래서 위의 with money가 '돈과 함께'가 아니라 '돈을 가지고'라고 해석되는 것이다.

단어

wrong [뤙] 잘못된 **happiness** [해피니스] 행복 **seems** [씸즈] ~인 것 같다 **interesting** [인터레스팅] 흥미로운

나를 데리고 갈 수 있는지 물을 때

캔 유 테익 미 데얼?
Can you take me there?
저 데리고 갈 수 있어요?

캔 유 테익 미 투 더 하스피털?
Can you take me to the hospital?
절 데리고 병원에 갈 수 있어요?

캔 유 테익 미 투 더 뤠스토란트?
Can you take me to the restaurant?
저 데리고 레스토랑에 갈 수 있나요?

PLUS

유 캔트 고우 디쓰 타임.
You can't go this time.
이번에는 당신은 갈 수 없어요.

캔 아이 조인 더 디너?
Can I join the dinner?
저도 그 저녁 합류해도 될까요?

Tip

영어에서 질문을 하는 방법은 다양하다. 하지만 위의 표현들처럼 can이나 could로 시작하는 것이 가장 무난하다. 바로 동사를 말하면 명령문이 되기 때문이다. 그리고 문장 앞이나 뒤에 please를 붙이는 것이 더 공손하게 들린다.

캔 유 테익 미 데얼?
A Can you take me there?

이프 유 라이크 마운틴 클라이밍,
B If you like mountain climbing,

위 캔 테익 유 데얼.
we can take you there.

그뤠잇! 왓 타임 투머로우?
A Great! What time tomorrow?

컴 앤 파인드 미 앳 에잇 에이엠 투머로우.
B Come and find me at 8:00 am tomorrow.

A 나 데리고 거기 갈 수 있어요?
B 등산하는 것을 좋아하면, 데리고 갈 수 있어요.
A 좋아요! 내일 몇 시요?
B 내일 오전 8시에 저 찾아오세요.

+ PLUS
아이 원티드 유 투 컴.
I wanted you to come.
당신이 오기를 원하고 있었어요.

Tip

영어로 언제를 뜻하는 단어는 when이다. 하지만 특정한 시간에 대해 물을 때는 What time이라고 정확하게 물어보는 것이 낫다. what뒤에 day를 붙이면 '어느 날'이 되고 what month라고 하면 '어느 달'이 된다.

단어

take [테이크] 데리고 가다
mountain [마운틴] 산 **climb** [클라임] 오르다
mountain climbing [마운틴 클라이밍] 등산

캔 유 테익 미 데얼?
A Can you take me there?

노우. 아이 돈 해브 타임, 쏘 아이 캔트 고우 샤핑.
B No. I don't have time, so I can't go shopping.

왓 어 쉐임!
A What a shame!

메이비 넥스트 타임.
B Maybe next time.

A 저 데리고 거기 갈 수 있어요?
B 안돼요. 시간이 없어서, 쇼핑할 수 없어요.
A 너무 아쉽네요.
B 다음에 하죠.

+PLUS 이츠 어 버멀 위 캔트 고우 투게덜.
It's a bummer we can't go together.
우리 같이 못 가서 아쉽네요.

Tip

영어로 쇼핑을 간다고 할 때 go shopping이라는 표현을 쓴다. 이렇게 영어에는 go +동사ing의 형태로 쓰이는 표현들이 많이 있다. 또 다른 예로는 go skiing (스키를 타러 가다), go sightseeing (관광을 가다), go dancing (춤을 추러 가다) 등이 있다.

단어

shopping [쇼핑] 쇼핑
have time [해브 타임] 시간이 있다
go shopping [고우 쇼핑] 쇼핑 가다
maybe [메이비] 아마도

친구를 데려가도 되는지 물을 때

캔 아이 브링 어 프렌드 옵 마인 데얼?
Can I bring a friend of mine there?
제가 친구 한 명 데리고 가도 되나요?

관련 표현

캔 아이 브링 마이 걸프렌드 데얼?
Can I bring my girlfriend there?
제가 여자친구를 데리고 가도 되나요?

캔 아이 브링 마이 코월컬 데얼?
Can I bring my coworker there?
제가 회사동료를 데리고 가도 되나요?

PLUS

하우 메니 프렌즈 캔 아이 브링?
How many friends can I bring?
친구를 몇 명 데리고 올 수 있어요?

유 슛 컴 얼로운.
You should come alone.
너는 혼자 와야 해.

Tip

영어로 '내 친구'를 my friend라고 한다. 하지만 '내 친구 한 명'
이라고 숫자까지 더해서 말을 할 때는 a friend of mine이라고 해
야 한다. a my friend처럼 숫자와 소유격을 함께 쓰지 못하기 때
문이다.

캔　아이 브링 어 프렌드　옵 마인　데얼?
A Can I bring a friend of mine there?

옵　콜스.
B Of course.

더　모얼　피플　컴,　더　베럴.
The more people come, the better.

그뤠잇!　히　이즈 마이 베스트 프렌드.
A Great! He is my best friend.

왓츠　히즈 네임?
B What's his name?

A 제가 친구 한 명 데리고 가도 되나요?
B 당연하죠. 사람이 많으면 많을수록 좋지요.
A 좋아요! 그는 저의 가장 친한 친구예요.
B 그의 이름이 뭐죠?

 후　이즈 유얼　프렌드?
Who is your friend?
친구가 누군데?

Tip

영어에서 The more, the better이라는 표현이 있다. 이 표현은 많을수록 좋다는 뜻이다. 위의 표현처럼 여기에 주어와 동사를 붙여주면 더 구체적으로 무엇이 많으면 무엇이 좋은지 설명할 수 있다.

단어

friend of mine [프렌드 옵 마인] 내 친구
bring [브링] 데리고 오다
more [모얼] 더
best friend [베스트 프렌드] 가장 친한 친구

캔 아이 브링 어 프렌드 옵 마인 데얼?
A Can I bring a friend of mine there?

옵 콜스 유 캔.
B Of course you can.

히 이즈 베리 굿 앳 플레잉 더 기타.
A He is very good at playing the guitar.

굿!
B Good!

- -

A 제가 친구 한 명 데리고 가도 되나요?
B 당연히 괜찮죠.
A 그 친구 기타 정말 잘 쳐요.
B 좋아요!

➕PLUS

이츠 고잉 투 비 라이크 어 파티.
It's going to be like a party.
이것은 거의 파티 같을 거야.

Tip

영어로 '잘한다'를 be good at ~이라고 한다. 이 표현은 그것에 소질이 있거나 능숙하다는 말이다. 잘 못한다고 말을 하고 싶으면 be 뒤에 not을 써서 be not good at ~이라고 하면 된다.

단어

----

play [플레이] 놀다, (악기를) 치다
guitar [기타] 기타
drum [드럼] 드럼

60 확실하게 하는 것이 좋다고 할 때

잇츠 굿   투 비   클리어.
It's good to be clear.
명확한 것이 좋죠.

관련 표현

아이 컷 힘   오프.
I cut him off.
나는 그와의 왕래를 끊었다.

위   니드   투 디썬   왓츠   굿   앤
We need to discern what's good and
배드.
bad.
우리는 무엇이 좋고 나쁨을 구분해야 한다.

PLUS   썸타임즈,   위 니드   투 비   스트릭트.
Sometimes, we need to be strict.
가끔 우리는 엄격해야 해.

Tip

영어로 왕래를 끊는다고 할 때 동사 'cut'을 많이 사용한다. cut이 '끊다'라는 의미를 갖고 있기 때문이다. 우리나라에서도 관계를 끊는다고 하는 것을 보면 언어의 연관성을 볼 수 있다.

대화문 1

위치 팀 아 유 어 팬 옵?
A Which team are you a fan of?

아이 앰 어 팬 옵 수원. 하우 어바웃 유?
B I am a fan of Suwon. How about you?

서울. 아이 앰 쏘 익싸이티드 어바웃 투데이즈 게임.
A Seoul. I am so excited about today's game.

텔 미 어바웃 잇.
B Tell me about it.

Ⓐ 당신은 어떤 팀의 팬이에요?
Ⓑ 저는 수원팀의 팬이에요, 당신은요?
Ⓐ 저는 서울팀이요. 오늘 경기 때문에 긴장되네요.
Ⓑ 그러니까요.

PLUS 아이 돈 해브 에니 프레퍼런스.
I don't have any preference.
저는 선호가 없어요.

Tip

우리나라에서도 이야기를 할 때 맞장구를 치는 것이 중요하다. 영어에도 맞장구 치는 표현들이 있는데 그 중에 대표적인 것이 Tell me about it이다. 직역을 하면 '그것에 대해 저에게 말해보세요'가 되지만 '그러니까요'로 해석이 될 수 있다.

단어

team [팀] 팀
fan [팬] 팬
Suwon [수원] 수원
excited [익싸이티드] 흥분한, 긴장한

투데이, 피플 아 쏘 마이절리.
A Today, people are so miserly.

왓 아 유 토킹 어바웃?
B What are you talking about?

이츠 쏘 하드 투 바로우 머니 나우어데이즈.
A It's so hard to borrow money nowadays.

이츠 굿 투 비 클리어 온 파이낸셜 이슈즈!
B It's good to be clear on financial issues!

A 요즘 사람들은 참 인색한 것 같아요.
B 무슨 말이에요?
A 요즘 돈 빌리기가 쉽지 않아요.
B 금전 부분에 있어서는 명확한 것이 좋죠!

+PLUS 유 슛 낫 바로우 머니 프럼 어 프렌드.
You should not borrow money from a friend.
친구에게 돈을 빌리면 안돼요.

Tip

영어로 '인색한'을 miserly라고 한다. 이 단어는 miser이라는 단어에서 왔는데 구두쇠라는 뜻이다. 원래 ly는 형용사를 부사로 바꿀 때 많이 쓰이지만 이렇게 명사에 붙어서 형용사로 바꾸는 경우도 있다. 예) friend (친구) -> friendly (친근한)

단어

miserly [마이절리] 인색한
borrow [바로우] 빌리다
financial [파이낸셜] 재정의
clear [클리어] 깨끗한, 명확한

6

조언

세상을 살다 보면 어려움이 닥칠 때가 많이 있습니다.

혼자만 살아가는 세상이 아니기 때문에 주변 사람들을 통해서 조언을 얻는 경우가 많이 있지요. 누군가에게 조언을 받거나 조언을 할 때 쓸 수 있는 표현을 정리했습니다.

부정적인 생각을
하지 말라고 할 때

돈　　　띵크　　투　　　네거티블리.
Don't think too negatively.
너무 부정적으로 생각하지 마세요.

관련 표현

돈　　　띵크　　투　　　페씨미스티컬리.
Don't think too pessimistically.
너무 비관적으로 생각하지 마세요.

유　　슈든　　　　　띵크　　　라이크　댓.
You shouldn't think like that.
그렇게 생각해서는 안됩니다.

PLUS

이츠　낫　　댓　　씨리어스.
It's not that serious.
그렇게 심각한 건 아니야.

유　　캔　　브레이크　디쓰　쓰루.
You can break this through.
당신은 극복할 수 있어요.

Tip

영어로 '부정적인'을 negative라고 한다. 이 단어는 다른 뜻으로 '음성인'이라는 뜻을 갖고 있다. 병에 걸렸을 때 양성과 음성을 가리키는 말이다. 반대로 양성은 positive라고 한다.

아이 해드 언 인터뷰　　　라스트 위크.
A I had an interview last week.

웬　　　더즈　　더　리절트　　컴　　　아웃?
B When does the result come out?

투머로우.　　　벗　아이 돈　띵크
A Tomorrow, but I don't think

아이 윌 겟　더　좝.
I will get the job.

돈　　　띵크　　투　　네거티블리.
B Don't think too negatively.

A 저 저번 주에 면접 봤어요.
B 언제 결과가 나와요?
A 내일이요, 근데 그 일을 얻을 수 있을 것 같지 않아요.
B 너무 부정적으로 생각하지 마세요.

Tip
영어로 아니라고 생각한다고 말을 할 때는 don't think를 쓰고 뒤에 문장을 쓴다. 하지만 think를 쓰고 문장을 부정으로 쓰지 않는다는 것에 주의해야 한다.
예) I don't think I will get the job. (O), I think I will not get the job. (X)

단어
interview [인터뷰] 인터뷰
come out [컴 아웃] 나오다
get a job [겟 어 좝] 직장을 구하다
negatively [네거티블리] 부정적으로

아이 원 투 프러포즈 투 레이첼 디쓰 위크엔드.
A I want to propose to Rachel this weekend.

파이널리, 유 메이드 어 디씨젼.
B Finally, you made a decision.

예스, 벗 아이 앰 워리드 어바웃 잇.
A Yes, but I am worried about it.

왓 이프 쉬 더즌 라이크 미?
What if she doesn't like me?

돈 띵크 투 페씨미스티컬리.
B Don't think too pessimistically.

핑걸스 크로스뜨.
Fingers crossed.

A 저 주말에 레이첼한테 고백하고 싶어요.

B 드디어 결심했군요.

A 네, 근데 그녀가 날 좋아하지 않을까 걱정돼요.

B 너무 비관적으로 생각하지 마요. 행운을 빌어요.

Tip

영어로 프러포즈를 한다고 할 때는 propose라는 단어를 사용한다. 사실 프러포즈는 영어에서 온 단어이다. propose to를 쓰고 뒤에 프러포즈 하는 사람을 쓰면 된다. 하지만 이 단어는 다른 뜻으로도 사용될 수 있는데 그 때는 '제안하다'의 뜻을 갖는다.

단어

propose [프로포즈] 프러포즈 하다   **decision** [디씨젼] 결심
pessimistically [페시미스티컬리] 비관적으로
finger [핑거] 손가락   **crossed** [크로스드] 가로지른

긍정적인 생각을 하라고 할 때

띵크　　파지티블리.
Think positively.
긍정적으로 생각하세요.

관련 표현

아이 원　　유　　투 저스트 렛　잇 고우.
I want you to just let it go.
당신이 그냥 툴툴 털어버리는 것이 좋겠어요.

원스　　유　스타트　토킹,　　유　윌　필
Once you start talking, you will feel
베러.
better.
당신이 말을 꺼내기만 하면 좋아질 거예요.

PLUS
메이비,　이츠 베럴　　디쓰 웨이.
Maybe, it's better this way.
더 잘 된 것일 수도 있어요.

Tip

영어로 권고를 하는 방법은 다양하다. 그 중 하나가 I want you to ~이다. 이 말을 직역하면 '나는 너가 ~하기를 원해'라는 뜻이다. 유용한 표현이니 잘 외워서 사용해 보자. 영어로 let it go는 그냥 내버려두라는 뜻이다.

아이 필 테러블.
A I feel terrible.

왓츠 고잉 온?
B What's going on?

이츠 어바웃 더 웨딩 프레전트.
A It's about the wedding present.

돈 워리. 띵크 파지티블리.
B Don't worry. Think positively.

A 정말 괴롭네요!
B 무슨 일인데요?
A 예물에 관한 거예요.
B 걱정 말아요. 긍정적으로 생각해요.

+PLUS
띵즈 췌인지.
Things change.
상황은 바뀔 수 있어요.

Tip

영어로 선물을 뜻하는 단어는 gift와 present가 있다. 여기서 present는 '현재'라는 의미도 갖고 있으니 주의해야 한다. gift와 present는 차이점이 없지만 present가 조금 더 정식적인 선물인 느낌이 있다.

단어

wedding [웨딩] 결혼식
present [프레전트] 선물, 현재의
wedding present [웨딩 프레전트] 예물
positively [파지티블리] 긍정적으로

아이 띵크 유 니드 투 띵크 파지티블리.
A I think you need to think positively.

아이 노우 이츠 노 유즈 게링 앵그리.
B I know it's no use getting angry,

벗 아이 스틸 캔트 오픈 마이 헐트.
but I still can't open my heart.

이프 유 씨 히즈 페이스, 유 캔 겟 앵그리 어게인.
A If you see his face, you can get angry again.

하우 어바웃 커뮤니케이팅 온 와츠앱?
How about communicating on WhatsApp?

오케이. 아이 윌 두 댓.
B Okay, I will do that.

- **A** 긍정적으로 생각하는 것이 좋을 것 같아요.
- **B** 화내도 소용 없는 거 알아요, 근데 마음이 열리지 않네요.
- **A** 얼굴 보면 다시 화날 수 있으니 워츠앱으로 이야기해 보면 어떠세요?
- **B** 네, 그렇게 해볼게요.

Tip

우리나라에도 카카오톡이 있듯이 미국에도 비슷한 것이 있는데 바로 워츠앱이다. 미국 사람들은 주로 이 앱을 통해서 사람들과 연락을 한다. 이렇게 각 나라마다 다양한 의사소통 수단이 있다.

단어

open [오픈] 열다 **face** [페이스] 얼굴
communicate [커뮤니케이트] 이야기하다
WhatsApp [와츠앱] 미국의 채팅 앱

자신이 한 말에는 책임지라고 할 때

유 슷 비 뤼스판써블 포
You should be responsible for
왓 유 쎄이.
what you say.
자신이 한 말에는 책임을 져야 합니다.

관련 표현

왓 아이 쎄이 이즈 더 로.
What I say is the law.
제가 말하는 것이 법입니다.

후 메익스 더 파이널 디씨전 앳 홈?
Who makes the final decision at home?
집에서 누가 최종 결정을 하나요?

➕PLUS

아이 윌 비 헬드 어카운터블 포 왓 아이 두.
I will be held accountable for what I do.
제가 하는 것에 책임을 질 거예요.

아이 윌 테익 케얼 옵 디쓰 마이셀프.
I will take care of this myself.
제가 직접 처리하겠습니다.

Tip

영어로 be responsible for ~이라고 하면 '~에 책임감이 있다'라는 뜻이다. 이 표현에서 온 단어가 responsibility인데 '책임'이라는 뜻이다. 아주 유용한 표현이니 잘 외워서 적절한 상황에 사용해 보도록 하자.

위 해브 투 두 잇 에니웨이, 쏘 썸원
A We have to do it anyway, so someone
숫 비 인 차쥐 옵 잇.
should be in charge of it.

아이 캔 두 잇.
B I can do it.

아 유 슈어? 유 숫 비 뤼스판써블 포
A Are you sure? You should be responsible for
왓 유 쎄이.
what you say.

아이 노우. 아이 윌 두 마이 베스트.
B I know. I will do my best.

A 어차피 해야 하는 일이기 때문에 누군가 이 일을 맡아야 합니다.
B 저는 할 수 있습니다.
A 확실해요? 자신이 한 말에는 책임을 져야 합니다.
B 알고 있습니다. 저는 최선을 다할 것입니다.

Tip

be responsible for ~의 동의어로는 be in charge of ~가 있다. 둘 다 무엇에 책임을 맡고 있다는 뜻을 갖고 있고 서로 바꿔가면서 쓸 수 있다. responsible 뒤에는 for, charge 뒤에는 of를 쓴다는 것을 기억해야 한다.

단어

in charge of [인 촤지 옵] ~을 맡은
responsible for [뤼스판서블 포] ~의 책임이 있는
what you say [왓 유 세이] 네가 말한 것
do one's best [두 원즈 베스트] 최선을 다하다

A 돈 워리.
A Don't worry.

아이 앰 뤼스판써블 포 왓 아이 쎄이.
I am responsible for what I say.

아이 트러스트 유.
B I trust you.

땡큐 포 유어 써포트.
A Thank you for your support.

아이 위시 유 더 베스트 옵 럭.
B I wish you the best of luck.

· ·

A 걱정하지 마세요. 제가 한 말에는 책임을 집니다.
B 네. 믿습니다.
A 지지해 주셔서 감사합니다.
B 행운을 빌어요.

➕PLUS 유 워운트 비 디써포인티드.
You won't be disappointed.
실망하지 않을 겁니다.

Tip -

영어로 행운을 빈다고 할 때는 위의 I wish you the best of luck이라는 표현을 많이 사용한다. 더 짧은 표현으로는 Good luck 그리고 Fingers crossed가 있다.

단어 -

wish [위시] 바라다
hope [호프] 소원하다
support [서포트] 지지, 지지하다
the best of luck [더 베스트 옵 럭] 최고의 행운

상황을 보면서 정하자고 할 때

레츠 씨 하우 잇 고우즈 펄스트,
Let's see how it goes first,

앤 메익 어 디씨젼.
and make a decision.
우리 우선 상황을 보고 결정해요.

관련 표현

레츠 두 윈도우 샤핑 펄스트,
Let's do window shopping first,

앤 메익 어 초이스.
and make a choice.
우선 아이쇼핑하고 나서 선택해요.

레츠 룩 어롸운드 모어,
Let's look around more,

앤 메익 어 디씨젼.
and make a decision.
좀 더 돌아보고, 결정해요.

Tip

영어로 순서에 대해 말할 때 사용되는 단어는 한정적이다. '우선'을 뜻하는 단어는 first이고 '그 다음'을 뜻하는 단어는 then 그리고 '마지막으로'는 last이다. 이 세 단어만 잘 사용해도 순서에 대해 말하는 것은 어렵지 않다.

허니, 블렉프라이데이 이즈 커밍.
A Honey, Black Friday is coming.

두 유 원 투 겟 어 뉴 프리지?
Do you want to get a new fridge?

데얼 이즈 노 러쉬. 레츠 씨 하우 잇 고우즈 펄스트,
B There is no rush. Let's see how it goes first,

앤 메익 어 디씨젼.
and make a decision.

아이 돈 원 투 미스 디쓰 챈스.
A I don't want to miss this chance.

이츠 뤼얼리 췹.
It's really cheap.

왓츠 더 프라이스?
B What's the price?

Ⓐ 여보, 곧 블랙 프라이데이인데 우리 새로운 냉장고 살까요?
Ⓑ 서두르지 말고, 우리 우선 상황을 보고 결정해요.
Ⓐ 이 기회를 놓치고 싶지 않아요. 이건 정말 싸요.
Ⓑ 가격이 얼마인데요?

Tip

Black Friday는 11월 넷째 주 목요일의 추수감사절 다음날로 미국의 가장 큰 세일 기간 중 하나이다. 물건들이 평소 가격보다 거의 두 배정도 싸게 팔려서 소매업체들은 연 매출의 70%가 이 기간에 이루어진다고도 한다.

단어

black [블랙] 검은, 어두운 **fridge** [프리지] 냉장고
rush [러쉬] 서두르기 **miss** [미스] 놓치다

A 왓　　두 유　띵크?
What do you think?

아 유　쌔티스파이드 윗　　더 룸?
Are you satisfied with the room?

잇 이즈 굿.
B **It is good.**

더　라이팅　　이즈 낫 굿　　도우.
The lighting is not good though.

이츠 빅　　앤　인 어 컨비니언트　　로케이션.
A **It's big and in a convenient location.**

위일　띵크　　어바웃 잇, 앤　메익　어 디씨젼.
B **We'll think about it, and make a decision.**

. . . .

A 어때요? 이 방 만족해요?
B 좋아요. 단지 채광이 좀 좋지 않네요.
A 크기도 크고 교통도 편리해요.
B 우리 생각 좀 해보고 결정할게요.

Tip —

영어로 '하지만'을 but이라고 한다. 그런데 but과 같은 의미로 쓰이는 단어
가 하나 더 있다. 바로 though이다. 문장에 though를 쓰면 역접의 의미를
더해준다. but과 차이가 있다면 but은 문장 앞에 쓰고 though는 뒤에 쓴
다는 것이다.

단어 —

lighting [라이팅] 조명 　**though** [도우] 비록 ~지만
convenient [컨비니언트] (교통이) 편리한
location [로케이션] 위치

65 이미 지난 일은 잊으라고 할 때

왓츠　　　던　　　이즈 던.
What's done is done.
지난 일은 어쩔 수 없어요.

관련 표현

저스트　폴겟　　어바웃　　잇.
Just forget about it.
그냥 잊어버리세요.

렛　　바이건즈　　비　바이건즈.
Let bygones be bygones.
지난 일은 잊어버리는 것이 좋겠어요. (속담)

PLUS

겟　오벌　잇.
Get over it.
잊어버려요.

유브　　메이드　잇 디쓰　파.
You've made it this far.
여기까지 성공했잖아요.

Tip

bygone은 이미 지나간 일들을 이야기할 때 쓰인다. 이 단어는 전치사 by와 동사 go의 과거분사형 gone이 합쳐져서 만들어진 것이다. go by는 '지나가다'를 의미하는 동사구이다.

라이프 이즈 인 베인.　렛　바이건즈　　비　바이건즈.
A **Life is in vain. Let bygones be bygones.**

아이 노우,　벗　이츠 낫　이지　투 폴겟　　어바웃
B **I know, but it's not easy to forget about**

마이　펄스트 러브.
my first love.

하우　어바웃　　고잉　　투 부산　　디쓰 위켄드?
A **How about going to Busan this weekend?**

그뤠잇　아이디어!
B **Great idea!**

A 인생무상이죠. 지난 일은 잊어버리는 것이 좋겠어요.
B 맞아요. 하지만 첫사랑을 잊어버리는 것이 쉽지 않아요.
A 이번 주말에 부산에 가는 것 어때요?
B 좋은 생각이에요!

 돈　　　드웰　　온 더　패스트.
Don't dwell on the past.
과거에 묻혀 살지 마세요.

Tip

영어로 '~하는 것이 쉽지 않다'고 할 때는 not easy to ~를 쓴다. 긍정 형태로 만들고 싶으면 not을 빼고 easy to ~를 쓰면 된다. 이렇게 형용사 뒤에 to 동사를 쓰면 다양한 의미를 만들어낼 수 있다.

단어
----

in vain [인 베인] 헛된
bygone [바이건] 지나간
forget about [폴겟 어바웃] ~에 대해 잊다
first love [펄스트 러브] 첫사랑

대화문 ❷

A 허니, 와이 디드 잇 해픈 투 아월 패밀리?
A Honey, why did it happen to our family?

B 왓츠 던 이즈 던.
B What's done is done.

레츠 폴겟 어바웃 잇.
Let's forget about it.

A 아이 스틸 필 배드 어바웃 잇.
A I still feel bad about it.

B 왓 캔 위 두? 아이 올쏘 필 쌔드.
B What can we do? I also feel sad.

- **A** 여보, 왜 이런 일이 우리 가정에 일어난 거죠?
- **B** 지난 일은 어쩔 수 없어요. 그냥 잊어버려요.
- **A** 저는 아직 마음이 좋지 않아요.
- **B** 뭘 할 수 있겠어요. 저도 슬퍼요.

+PLUS 에브리원 메익스 어 미스테이크.
Everyone makes a mistake.
모두들 실수를 해요.

Tip

마음이 언짢다는 것을 표현할 때 쓰는 표현은 feel bad이다. 이 말을 직역
하면 '느낌이 좋지 않다'지만 뭔가 찝찝하고 미안한 감정이 들 때 이 표현을
써서 마음을 표현한다.

단어

family [패밀리] 가족
sad [쌔드] 슬픈
feel bad [필 배드] 찝찝하다
feel sad [필 쌔드] 슬프다

레츠　　띵크　　어바웃　　잇 모어.
Let's think about it more.
우리 좀 더 생각해봐요.

관련 표현

와이　돈　위　깁　어 쎄컨　　또트?
Why don't we give a second thought?
우리 다시 생각해 볼까요?

레츠　　더블　　체크.
Let's double check.
다시 한번 확인해 봐요.

PLUS

아임 트라잉　투 올거나이즈　마이 쏘츠.
I'm trying to organize my thoughts.
제 생각을 정리하고 있어요.

아이 윌 컨씨덜　　댓.
I will consider that.
그것을 고려할게요.

Tip

Give a second thought이라고 하면 다시 생각을 해 본다는 말이 된다. 직역을 하면 두 번째 생각을 준다는 것이지만 의역을 해서 이런 뜻이 되었다.

A 오케이. 레츠 스틱 투 디쓰 플랜.
A Okay. Let's stick to this plan.

B 와이 돈 위 깁 어 쎄컨 또트?
B Why don't we give a second thought?

A 띵크 모어? 타임 이즈 머니!
A Think more? Time is money!

B 바잉 어 하우스 이즈 어 빅 딜.
B Buying a house is a big deal.

위 니드 투 비 케어풀 어바웃 잇.
We need to be careful about it.

A 좋아요. 이렇게 밀고 나가요.
B 우리 다시 생각해 볼까요?
A 더 생각해요? 시간이 금인데!
B 집을 사는 것은 큰일인데, 신중해야지요.

Tip

영어에서 동사를 명사로 만드는 방법은 동사 앞에 to를 붙이거나 뒤에 −ing 를 붙이는 것이다. 예를 들어 play the guitar (기타를 치다)를 명사로 바꾸 고 싶으면 to play the guitar이나 playing the guitar이라고 하면 된다. 뜻 은 '기타를 치는 것'이 된다.

단어

stick to [스틱 투] 고수하다
second thought [세컨드 쏘웃트] 재고
think more [띵크 모얼] 더 생각하다
big deal [빅 딜] 큰 일

레츠 띵크 어바웃 잇 모어.
A Let's think about it more.

아이 언더스탠드.
B I understand.

스타팅 어 비즈니스 이즈 어 빅 띵.
Starting a business is a big thing.

아일 디스커스 윗 마이 프렌즈 앤 렛 유
A I'll discuss with my friends and let you

노우 더 파이널 디씨젼.
know the final decision.

오케이. 홉 투 씨 유 넥스트 타임.
B Okay. Hope to see you next time.

대
화
문
❷

A 우리 좀 더 생각해봐요.
B 이해해요. 사업을 시작한다는 것은 큰일이죠.
A 친구들과 상의를 하고 난 후에 최종 결정을 알려드릴게요.
B 그래요. 다음에 다시 보길 바랍니다.

Tip

영어로 '알려준다'라는 말을 할 때는 tell을 사용할 수 있지만 비슷한 표현으로 let you know라는 표현이 있다. 여기서 let은 '~하게 한다'라는 뜻이고 know가 '알다'이기 때문에 '네가 알게 하겠다'가 된다.

단어

start a business [스타트 어 비즈니스] 사업을 시작하다
final [파이널] 최종의
final decision [파이널 디씨젼] 최종 결정
hope to [호프 투] ~하길 바란다

66 좀 더 생각해보자고 할 때   233

테익 케어 옵 유어 헬스.
Take care of your health.
건강을 주의하세요.

관련 표현

이츠 윈터.
It's winter.

비 케어풀 낫 투 캐치 어 콜드!
Be careful not to catch a cold!
겨울인데 감기 조심하세요!

번들 업.
Bundle up.
따뜻하게 입어요.

PLUS

스테이 웜.
Stay warm.
따뜻하게 있으세요.

Tip

영어로 조심하라고 할 때 가장 자주 쓰는 표현 중 하나가 be careful이다. 여기서 무엇을 조심하라고 구체적으로 말하고 싶으면 뒤에 to 동사를 쓰면 되고 부정을 만들고 싶으면 to 앞에 not을 쓰면 된다.

A Hello! Daughter! It's winter.
헬로우! 다우럴! 이츠 윈터!

A Be careful not to catch a cold!
비 케어풀 낫 투 캐치 어 콜드!

B Okay. Time flies.
오케이. 타임 플라이즈.

B It's already the end of the year.
이츠 올뤠디 디 엔드 옵 더 이열.

A Tell me about it.
텔 미 어바웃 잇.

B Take care of your health, dad!
테익 케얼 옵 유어 헬스, 댇!

A 여보세요, 딸! 겨울인데 감기 조심해.
B 응, 시간이 정말 빠르네요. 모르는 사이에 연말이 왔네요.
A 그러게.
B 건강 조심하세요, 아빠!

Tip

Time flies는 '시간이 날아간다'라는 뜻이다. 우리나라에도 시간이 빨리 갈 때 이런 말을 하는 것을 알 수 있다. 같은 표현으로 Time goes by really fast가 있다. 이 표현은 말 그대로 시간이 아주 빠르게 지나간다는 뜻이다.

단어

catch [캐치] 잡다, 걸리다
already [올뤠디] 이미   **health** [헬스] 건강
mental health [멘탈 헬스] 정신 건강

유 아 리빙 어브로드 얼로운.
A You are living abroad alone.

테익 케얼 옵 유어 헬스.
Take care of your health.

댇, 아이 윌 테익 케얼 옵 마이셀프. 돈 워리.
B Dad, I will take care of myself. Don't worry.

콜 미 웨네버 유 원트.
A Call me whenever you want.

오케이. 맘 엔 댇.
B Okay. Mom and dad,

테익 케어 옵 유어 헬스.
take care of your health.

A 해외에 나가서 혼자 생활하는데 건강을 주의해야 돼!
B 아빠, 스스로 잘 관리할게요, 걱정하지 마세요.
A 언제든지 원하면 전화해.
B 응, 엄마 아빠도 건강 조심하시고요.

Tip

영어로 '언제든지'를 anytime이라고 한다. 하지만 더 구체적으로 '언제든지 너가 원하면'이라고 하고 싶으면 whenever you want라고 하면 된다. 이렇게 whenever 뒤에 문장을 쓰면 '그 문장 할 때 언제든지'라는 뜻이 된다.

단어

abroad [어브로드] 해외에
alone [얼로운] 혼자
whenever [웨네버] 언제든지
mom and dad [맘 앤 댇] 엄마 아빠

스테이 헬씨.

Stay healthy.

건강 조심하세요.

관련 표현

아워 헬스 이즈 아워 탑 프라이어리티.

Our health is our top priority.

건강이 제일입니다.

멘탈 헬스 이즈 올쏘 임폴턴트.

Mental health is also important.

정신 건강도 중요합니다.

PLUS

굿 헬스 이즈 낫 썸띵 위 캔 바이.

Good health is not something we can buy.

건강은 살 수 있는 게 아니에요.

Tip

영어로 stay는 '머무르다'라는 뜻이 있다. 하지만 이 단어 뒤에 형용사를 쓰면 그 형용사 한 상태로 그대로 있다는 뜻이 된다. 그래서 stay healthy라고 하면 건강하라는 뜻이 되는 것이다.

아이 가러   고우. 스테이 헬씨.
A I gotta go. Stay healthy.

땡큐.   돈   워리   어바웃   미.
B Thank you. Don't worry about me.

아이 윌 콜 유   웬   아이 겟 데얼.
I will call you when I get there.

오케이.   고우 백.
A Okay. Go back.

컴   앤   비짓 어스 웬   유   해브   타임.
B Come and visit us when you have time.

A 저 가야겠어요. 건강 조심하고요.
B 고맙습니다. 저 걱정하지 마세요. 도착하면 전화할게요.
A 알겠어요. 들어가세요.
B 시간이 되면 자주 놀러 오세요.

➕PLUS 웬   유   루즈 유얼   헬스,   유   루즈   에브리띵.
When you lose your health, you lose everything.
건강을 잃으면 모든 것을 잃어요.

Tip

영어로 gotta 동사라고 하면 동사 해야겠다는 뜻이 된다. 원래 무엇을 해야한다고 말을 할 때는 have to, should 혹은 must가 주로 쓰이지만 gotta도구어체로 흔히 쓰이는 표현이다.

단어
----

gotta [가러] ~해야 한다   **stay** [스테이] 머무르다, ~하게 남아있다
healthy [헬씨] 건강한   **get there** [겟 데얼] 거기에 도착하다

땡큐   포 커밍   올 더 웨이 히얼
A Thank you for coming all the way here

투 씨 미!
to see me!

유 아 더 티쳐   아이 뤼스펙 더 모스트.
B You are the teacher I respect the most.

이츠 나띵.
It's nothing.

드라이브 쎄이플리 웬   유 고우 백.
A Drive safely when you go back.

스테이 헬씨.   호프 투 씨 유 어게인 쑨.
B Stay healthy. Hope to see you again soon.

A 그렇게 멀리서 날 보러 와서 고마워!
B 당신은 제가 가장 존경하는 선생님입니다. 이건 아무것도 아니에요.
A 돌아갈 때 운전 조심하고.
B 건강 조심하시고요. 또 빨리 다시 뵈었으면 좋겠어요.

Tip

영어로 all the way는 거리를 강조할 때 쓰인다. 예를 들어 come here이라고 하면 '여기 오다'가 되지만 come all the way here이라고 하면 '여기까지 오다'가 된다. 아주 유용한 표현이므로 외워서 필요한 상황에 사용해보자.

단어

all the way [올 더 웨이] 내내   **respect** [리스펙트] 존경하다
the most [더 모스트] 가장   **go back** [고우 백] 돌아가다

돈　　　컷　　　인　라인.
Don't cut in line.
새치기하지 마세요.

관련 표현

이츠　어 퍼블릭　　플레이스. 유　　아　　낫
It's a public place. You are not
써포즈드　　　투 메익　　어 노이즈　히얼!
supposed to make a noise here!
이곳은 공공장소인데, 큰 소리로 떠드시면 안 돼요!

돈　　　　스모크!
Don't smoke!
흡연을 하지 마세요!

PLUS
비　　리스펙트풀.
Be respectful.
다른 사람을 존중해요.

Tip

not supposed to 동사라고 하면 '동사하면 안 된다'는 뜻이 된다.
원래 하지 말라고 말을 할 때는 should not 동사 혹은 don't 동사
를 쓰지만 이 표현은 더 공손하게 표현하고 싶을 때 쓴다.

돈　　컷　인　라인.
A Don't cut in line.

아이 앰 쏘리.
B I am sorry.

아이 앰 커밍　　백　　프럼　더　　뤠스트룸.
I am coming back from the restroom.

아이 씨! 아이 앰 쏘리.
A I see! I am sorry.

댓츠　　오케이.
B That's okay.

A 새치기하지 마세요!
B 죄송해요. 제가 방금 화장실 갔었어요.
A 그랬군요! 죄송합니다.
B 아닙니다.

 아이 돈　바이　댓.
I don't buy that.
그걸 믿을 수 없어요.

Tip

영어로 '새치기하다'를 cut in line이라고 한다. 선 안으로 들어와서 잘랐다는 뜻이 된다. 보기에는 쉬운 표현이지만 외워두지 않으면 필요할 때 사용할 수 없으므로 잘 외워서 필요할 때 사용해보자.

단어

cut in line [컷 인 라인] 새치기하다
in line [인 라인] 일렬로 있는
come back [컴 백] 돌아오다
restroom [뤠스트룸] 화장실

A 익스큐즈 미. 돈 컷 인 라인. 유!
A Excuse me, don't cut in line. You!

히 이즈 쏘 민. 히 이즈 이그노어링 유.
B He is so mean. He is ignoring you.

아이 캔트 빌리브 디쓰.
A I can't believe this.

네버 마인드.
B Never mind.

돈 톡 투 써치 어 루드 펄쓴.
Don't talk to such a rude person.

A 저기요, 새치기하지 마세요! 당신이요!
B 정말 성질이 나쁘네요. 못 들은 척하고 있어요.
A 어떻게 이럴 수가 있죠.
B 신경 쓰지 말아요. 저렇게 무례한 사람과 말하지 말아요.

+PLUS 프라이드 윌 해브 어 폴.
Pride will have a fall.
자만하면 망한다.

Tip

영어로 mean은 '의미하다'라는 뜻이다. 하지만 이 단어가 형용사로 쓰이면 '비열한'이라는 뜻이 된다. 이렇게 다의어 중에는 전혀 다른 두 의미를 갖고 있는 경우가 있는데 두 의미의 유래가 다르기 때문이다.

단어

mean [민] 비열한
ignore [이그노얼] 무시하다
never mind [네버 마인드] 신경 쓰지 않다
rude [루드] 무례한

갑자기 말하다가
주제를 벗어났을 때

아이 갓   싸이드트랙트.
I got sidetracked.
삼천포로 빠졌어요.

관련 표현

아이 갓   싸이드트랙트.
I got sidetracked.

아이 디든   언덜스탠드   더   토픽.
I didn't understand the topic.
삼천포로 빠졌어요. 주제에 대해 이해를 하지 못했어요.

아이 갓   싸이드트랙트.
I got sidetracked.

디든트   유   노우   댓?
Didn't you know that?
삼천포로 빠졌어요. 설마 모르는 거 아니지요?

Tip

sidetrack은 '측면'을 의미한다. 하지만 이 단어가 동사로 쓰일 때는 원래 주제에서 벗어났다는 뜻이 된다. 주로 수동태의 의미를 더해주는 get과 함께 쓰여서 get sidetracked라고 쓰인다.

왓 두 유 띵크 옵 마이 롸이팅?
A What do you think of my writing?

이츠 낫 굿.
B It's not good.

유 갓 싸이드트랙트.
You got sidetracked.

아이 디드?
A I did?

유 디든 언덜스탠드 더 토픽.
B You didn't understand the topic.

A 제가 쓴 작문 어때요?
B 별로인데. 주제를 벗어났어.
A 그래요?
B 주제를 이해하지 못했어.

➕ PLUS 잇 해픈스.
It happens.
그럴 수도 있죠.

Tip
----

writing은 write(쓰다)의 동명사형이다. 동명사형은 동사에 –ing를 붙인 형태를 말한다. 동명사는 동사를 바로 명사로 바꿔주는 역할을 한다. 이 경우에는 '쓰다'에서 '쓴 것' 즉 '글'이 되었다.

단어
----

write [롸잇] 쓰다
writing [롸이링] 글
sidetrack [사이드트랙] 곁길로 새게 하다
topic [토픽] 주제

왓　　두　유　　핑크　　옵　마이　프리젠테이션
A **What do you think of my presentation**

앳　더　　미팅?
at the meeting?

왓　　두　유　　핑크?
B **What do you think?**

아이 핑크 아이 워즈 낫　　배드.
A **I think I was not bad.**

투 텔 더　트루스,　유　　갓　　싸이드트랙트.
B **To tell the truth, you got sidetracked.**

A 저 오늘 회의에서 발표 어땠어요?
B 네 생각은 어떤데?
A 제 생각에는 그럭저럭 괜찮았던 것 같아요.
B 사실 주제를 벗어났어.

➕PLUS 스테이 온 더　　토픽.
Stay on the topic.
주제에서 벗어나지 마세요.

Tip

영어에서 To tell the truth라고 하면 '사실은 말이야'라는 뜻이 된다. 직역을 하면 '진실을 말하기 위해서'가 되지만 이렇게 하나의 표현으로 쓰인다. 이렇게 관용적인 표현은 그때 그때 외워두는 것이 좋다.

단어

presentation [프리젠테이션] 발표
not bad [낫 배드] 그럭저럭 괜찮다
truth [트루스] 진실
tell the truth [텔 더 트루스] 진실을 말하다

일상

일상생활을 하다 보면 많은 일들을 겪게 됩니다.

때로는 기쁘고 즐겁고, 때로는 힘들고 우울한 일상을 보내기도 합니다.

일상에서 자주 쓰는 표현을 정리해보았습니다.

71 | 위로해 줄 때

취얼   업! 에브리띵   월 비 파인.
Cheer up! Everything will be fine.
파이팅! 다 잘 될 거야.

관련 표현

댓츠   파인. 데얼즈   올웨이즈   넥스트 타임.
That's fine. There's always next time.
괜찮아요. 다음에 잘하면 되죠.

올웨이즈   룩   온 더   브라잇   싸이드.
Always look on the bright side.
괜찮아요, 항상 긍정적으로 생각하세요.

PLUS

더   쎄임   띵   해픈드   투 미.
The same thing happened to me.
저에게도 똑같은 일이 일어났어요.

투머로우   이즈 어나덜   데이.
Tomorrow is another day.
내일은 새로운 날이에요.

Tip

우리나라에서는 힘내라고 할 때 Fighting(파이팅)이라고 말을 많이 한다. 하지만 이것은 콩글리시이고 영어권 사람들은 힘내라고 할 때 Cheer up이라는 말을 한다. 영어권 사람들에게 Fighting이라고 하면 무슨 말인지 몰라서 당황할 것이다.

아이 페일드 디　　인터뷰　　　어게인.
A I failed the interview again.

아이 앰 쏘　프러스트레이티드.
I am so frustrated.

아이 올쏘 페일드　쎄븐 투 에잇 타임즈,
B I also failed 7 to 8 times,

벗　　아이 갓 어 좝　나우. 유　월　비 파인.
but I got a job now. You will be fine.

뤼얼리?
A Really?

아이 민　　잇. 취얼 업!　에브리띵　　　월　비 파인.
B I mean it. Cheer up! Everything will be fine.

A 면접에 또 떨어졌어. 정말 우울해.
B 나도 7, 8번 떨어졌어. 하지만 이제 직장을 얻었어. 괜찮을 거야.
A 정말?
B 정말이야. 파이팅! 다 잘 될 거야.

Tip

영어로 힘을 내라고 할 때 자주 하는 말이 '다 잘 될 거야'라는 말이다. 꼭 잘 될 것이라는 보장이 없어도 이 말은 위로 차원에서 습관적으로 하는 말이다. 주변에 힘든 상황에 있는 사람들이 있을 때 한번 사용해보도록 하자.

단어

fail [페일] 실패하다
frustrated [프러스트레이티드] 좌절 당한
time [타임] 시간, 번　**cheer up!** [치얼 업] 힘 내

댓츠 파인. 취얼 업!
A **That's fine. Cheer up!**

에브리띵 윌 비 파인.
Everything will be fine.

땡큐 폴 쎄잉 댓.
B **Thank you for saying that.**

이츠 낫 이지, 벗 유 캔 두 잇.
A **It's not easy, but you can do it.**

아이 해드 노 아이디어 하우 할드 잇 웃 비.
B **I had no idea how hard it would be.**

아이 워즈 샥트.
I was shocked.

A 괜찮아. 파이팅. 다 잘 될 거야.
B 그렇게 말해줘서 고마워요.
A 쉽지 않지만 당신은 할 수 있어요.
B 이렇게 어려울지 정말 몰랐어요. 얼떨떨해졌어요.

Tip

영어로 모른다고 할 때 I don't know (나는 모른다) 뿐만 아니라 다양한 표현이 있다. 대표적인 표현이 바로 I have no idea이다. 이 말은 생각이 없다는 말이 아니라 그냥 잘 모르겠다는 말이다. 위에서는 have가 had로 바뀌어서 과거로 쓰였다.

단어

no idea [노 아이디어] 생각이 없는 **hard** [하드] 어려운
how hard [하우 하드] 얼마나 어려운지
shocked [샥트] 얼떨떨한

웨얼　　　더즈　　잇 헐트?
Where does it hurt?
어디가 아프시죠?

관련 표현

왓　　　씸텀즈　　　　두　유　　해브?
What symptoms do you have?
어떤 증상이 있으세요?

왓츠　　　　　륑?
What's wrong?
왜 그러는데요?

PLUS

아이 캔트 필　　마이 암.
I can't feel my arm.
제 팔에 감각이 없어요.

하우　우쥬　　　뤠잇 유얼　페인?
How would you rate your pain?
어느 정도 아픈지 알려줄 수 있어요?

Tip

어디를 가나 몸이 아프면 병원을 가야 한다. 위의 표현들은 병원에 가면 주로 듣게 되는 질문들이다. 표현들을 잘 익히고 대답들도 공부해서 병원에서 영어 때문에 치료를 받지 못하는 일이 없도록 하자.

웨얼　　　더즈　　잇 헐트?
A **Where does it hurt?**

아이브 빈　　　필링　　　너시어스　　앤　　디지
B **I've been feeling nauseous and dizzy**

포　　데이즈.
for days.

테익　　어 블러드　　테스트. 아이 띵크　이츠 엔터라이티스.
A **Take a blood test. I think it's enteritis.**

오,　　아이 씨!
B **Oh, I see!**

A 어디가 아프시죠?
B 며칠간 구역질이 나고 어지러워요.
A 혈액검사를 하러 가세요. 장염인 것 같아요.
B 아, 그렇군요!

Tip

영어에서 가장 외우기 어려운 단어군이 있다면 바로 병에 관련된 단어들이다. 이 단어들은 평상시에 볼 기회가 없기 때문에 암기하듯이 외워야 한다. 쉽지는 않지만 그때 그때 외워 두면 나중에 유용하게 사용할 수 있을 것이다.

단어

hurt [헐트] 아프다, 아프게 하다
nauseous [노시어스] 메스꺼운
dizzy [디지] 어지러운
blood [블러드] 피
enteritis [엔터라이티스] 장염

왓 씸텀즈 두 유 해브?
A **What symptoms do you have?**

아이 해브 어 헤레이크, 앤 아이 앰 쏘 콜드.
B **I have a headache, and I am so cold.**

아이 띵크 댓츠 어 콜드.
A **I think that's a cold.**

유 니드 투 테익 메디슨 펄스트.
You need to take medicine first.

오케이.
B **Okay.**

A 어떤 증상이 있어?
B 머리도 아프고, 너무 추워요.
A 감기인 것 같네. 우선 감기약 먹어야겠다.
B 알겠어요.

Tip

영어에서 ache는 '아픔'이라는 뜻이다. 이 단어를 신체 부위를 나타내는 단어 뒤에 붙이면 그곳이 아프다는 뜻이 된다. 예를 들어 허리가 아프면 backache라고 하면 되는데 허리가 back이기 때문이다. 위의 예문에서도 머리가 아파서 head에 ache를 붙여서 headache가 된 것이다.

단어

symptom [심텀] 증상
head [헤드] 머리
headache [헤레이크] 두통
cold [콜드] 추운, 감기

특별한 날에 무엇을 하는지 물을 때

왓 두 유 유즐리 두 온
What do you usually do on

위켄즈?
weekends?

주말에 보통 무엇을 하시나요?

관련 표현

왓 두 유 두 온 베케이션?
What do you do on vacation?

휴가 때 무엇을 하시나요?

왓 두 유 노멀리 두 온
What do you normally do on

위켄즈?
weekends?

보통 주말을 어떻게 보내시나요?

Tip

영어에서 주말을 weekend라고 하고 평일을 weekdays라고 한다. 주말은 직역을 해도 우리나라 말과 똑같기 때문에 외우기 쉽지만 weekdays는 모르는 경우가 많이 있다. 잘 외워서 필요할 때 사용해보자.

왓　　　두　유　　유즐리　　　두　온　위켄즈?
A What do you usually do on weekends?

아이 노멀리　　　월크　　　아웃 온　위켄즈.
B I normally work out on weekends.

뤼얼리?　　　와이?
A Really? Why?

아이 띵크 아이 앰 아웃 옵 쉐입　　　나우어데이즈.
B I think I am out of shape nowadays.

A 주말에 보통 뭐 하세요?
B 저는 주말에 보통 운동을 해요.
A 정말요? 왜요?
B 요즘 몸이 엉망인 것 같아요.

+PLUS
레츠　　토크　어바웃　아월　썸멀　　　플랜.
Let's talk about our summer plan.
여름 계획에 대해 이야기해 봐요.

Tip

out of shape은 형태가 찌그러졌다는 말인데 사람한테 쓰면 몸이 안 좋다는 말이 된다. 하지만 여기서 안 좋다는 것은 전체적인 모양이 안 좋다는 것이지 특별한 병에 걸려서 안 좋다는 말이 아니다.

단어

usually [유주얼리] 주로
normally [노멀리] 보통
work out [월크 아웃] 운동하다
out of shape [아웃 옵 쉐입] 형태가 찌그러진, 건강이 안 좋은 (몸매가 엉망인)

대화문 ❷

왓　　두 유　유즐리　　두　온　위켄즈?
A What do you usually do on weekends?

테익　케얼　옵 마이 패밀리　오얼 테익　어 워크
B Take care of my family or take a walk

윗　뎀.
with them.

룩스　라이크 유　아　러 굿　허즈번드.
A Looks like you are a good husband.

땡큐　　　포 쎄잉　댓.
B Thank you for saying that.

Ⓐ 주말에 보통 뭐하세요?
Ⓑ 가족들 돌보고 혹은 가족들과 같이 산책해요.
Ⓐ 보아하니 좋은 남편 같네요.
Ⓑ 그렇게 말씀해 주셔서 감사합니다.

Tip

영어로 '~해 보인다'라고 말할 때 쓰는 표현은 Looks like 문장이다. Looks like가 '~처럼 보인다'라는 뜻이기 때문이다. 여기서 주의할 점은 like를 꼭 붙여주어야 한다는 것이다. 여기서 like는 동사 '좋아하다'가 아니라 전치사로 '처럼'의 뜻을 갖고 있다.

단어

take a walk [테익 어 워크] 산책하다
looks like [룩스 라이크] ~인 것 같다
look at [룩 앳] ~을 보다
good husband [굿 허즈번드] 좋은 남편

74 시간과 장소를 정하라고 할 때

유 숫 디싸이드 웬 앤 웨얼
You should decide when and where

투 밋.
to meet.
만나는 시간하고 장소는 당신이 정하세요.

관련 표현

아이 윌 디싸이드 웨얼 투 밋.
I will decide where to meet.
어디에서 볼지 제가 정할게요.

아월 보스 캔 디싸이드 웬 투 리브.
Our boss can decide when to leave.
저의 상사가 언제 떠날지 결정할 수 있어요.

PLUS 잇 디펜즈 온 웨얼 위 밋.
It depends on where we meet.
어디서 만나는가에 따라 달라요.

Tip

what to 동사가 '동사할 것'을 나타내는 것처럼 where과 when 도 비슷하게 쓰일 수 있다. where/when to 동사라고 하면 '동사 할 곳/때'가 된다. 예를 들어 공부할 곳을 말하고 싶으면 where to study라고 하면 되고 공부할 때를 말하고 싶으면 when to study 라고 하면 된다.

웨얼　　숫　　위 밋　포 더　위켄드
A Where should we meet for the weekend

미팅?
meeting?

유　숫　　디싸이드 웬　　앤　웨얼　　투 밋.
B You should decide when and where to meet.

덴.　　하우　어바웃　더　코뤼언　　뤠스토란트
A Then, how about the Korean restaurant

넥스 투 더　슈즈　　스토얼?
next to the shoes store?

굿!　　아이 원　투 해브　삼계탕.
B Good! I want to have Samgyetang.

A 주말 모임을 어디에서 만나면 될까요?
B 만나는 시간하고 장소는 당신이 정하세요.
A 그럼, 그 신발가게 옆에 있는 한국 식당 어때요?
B 좋아요! 저는 삼계탕 먹을 거예요.

Tip

영어로 우리나라 음식을 말할 때는 그냥 우리나라 발음으로 해도 상관없다. 원래 우리나라 말이기 때문이다. 영어는 다른 언어에 대해 많이 열린 언어이기 때문에 다른 언어 단어를 가지고 올 때 해석해서 바꿔서 쓰지 않고 그대로 쓰는 경향이 있다.

단어

weekend meeting [위켄드 미팅] 주말 모임　**decide** [디싸이드] 결정하다　**Korean restaurant** [코뤼언 레스토랑] 한국 식당
shoes store [슈즈 스토어] 신발 가게

유 숫 디싸이드 웬 앤 웨얼 투 고우
A **You should decide when and where to go**

포 디쓰 트립.
for this trip.

오케이, 아이 윌 두 댓.
B **Okay, I will do that.**

레츠 고우 투 더 유에스.
A **Let's go to the US.**

데얼 아 메니 싸이트씽 플레이씨스 인 엘에이.
There are many sightseeing places in LA.

그뤠잇! 아이 원 투 고우 투 더 코뤼언 타운.
B **Great! I want to go to the Korean town.**

A 이번 여행에서 언제 어디 갈지는 당신이 정하세요.
B 그렇게 할게요.
A 저희 미국으로 가요. LA에 관광지가 많아요.
B 좋아요! 저는 한인타운에 가보고 싶어요.

Tip --

LA의 한인타운은 큰 것으로 많이 알려져 있다. 통계에 따르면 약 70만 명
이 살고 있다고 한다. 또한 미국에 사는 한인들을 모두 합하면 300만 명 정
도가 된다고 하니 세계가 얼마나 좁아졌는지 알 수 있다.

단어 --

sightseeing [사이트씽] 관광
sightseeing place [사이트씽 플레이스] 관광지
go sightseeing [고우 사이트씽] 관광하다
Korean town [코뤼언 타운] 한인타운

레츠   밋   앳 더   커피숍   어라운드
Let's meet at the coffee shop around

유얼   하우스   앳 쎄븐 피엠 투머로우.
your house at 7 pm tomorrow.
우리 내일 저녁 7시에 당신 집 근처 커피숍에서 만나요.

관련 표현

레츠   밋   앳 더   스타벅스   니얼
Let's meet at the Starbucks near

서울   스테이션.
Seoul Station.
우리 서울역 근처 스타벅스에서 만나요.

어 뉴   티   하우스   오픈드   니얼   마이 하우스.
A new tea house opened near my house.

하우   어바웃   미팅   데얼?
How about meeting there?
저희 집 근처에 찻집이 새로 생겼는데 거기서 보는 거 어때요?

Tip

영어에서 시간과 장소는 주로 문장 맨 뒤에 오지만 둘을 같이 말할 때는 주로 장소를 먼저 말하고 시간을 다음에 말한다.

왓　　타임　앤　웨얼　　숫　　　위　밋?
A What time and where should we meet?

레츠　밋　　앳 더 티　하우스　　어롸운드　유얼
B Let's meet at the tea house around your

하우스　　앳 쎄븐 피엠 투머로우.
house at 7 pm tomorrow.

오케이.　아이 올쏘 원티드　　댓.
A Okay, I also wanted that.

씨　　유　　투머로우.
B See you tomorrow.

A 우리 몇 시에 어디서 볼까요?
B 우리 내일 저녁 7시에 당신 집 근처 찻집에서 봐요.
A 좋아요, 저도 그렇게 원하고 있었어요.
B 내일 봐요.

Tip

우리나라처럼 외국에도 찻집과 커피집이 많이 있다. 특별히 구분 없이 차와 커피 둘 다 제공하는 곳이 대부분이고 우리나라처럼 빵과 다과를 함께 제공한다. Starbucks같은 체인점은 모두 현지화되기 때문에 지역마다 메뉴가 다르다.

단어

tea [티] 차
tea house [티 하우스] 찻집
tea bag [티 백] 1인분 차 봉지
tea time [티 타임] 차 마시는 시간

웬   슛   위   밋?
A When should we meet?

어 뉴   커피숍   오픈드   니얼   마이 하우스.
B A new coffee shop opened near my house.

이츠 코지   앤   콰이어트.
It's cozy and quiet.

덴,   레츠 밋   데얼   앳 쎄븐 피엠 투머로우.
A Then, let's meet there at 7 pm tomorrow.

오케이,   레츠 두 댓.
B Okay, let's do that.

- -

A 우리 언제 볼까요?
B 우리 집 근처에 커피숍이 새로 생겼는데 아늑하고 조용해요.
A 그럼, 우리 내일 저녁 7시에 거기서 봐요.
B 좋아요, 그렇게 해요.

+PLUS
일레븐   에이엠 월크스   베스트 포   에브리원.
11:00 am works best for everyone.
오전 11시가 모두에게 가장 좋아요.

Tip --

영어로 '아늑한'을 cozy라고 한다. 이 단어는 스코틀랜드에서 유래되었고
편안하고 따뜻한 느낌을 표현한다. 장소에 대해 설명할 때 자주 쓰이는 단
어이고 quiet은 조용함만 표현하지만 cozy는 편안한 느낌도 전달한다.

단어 --

coffee shop [커피샵] 커피숍
near [니얼] 가까운
cozy [코지] 아늑한
quiet [콰이엇] 조용한

아이 앰 낫 쌔티스파이드 윗 유어 애티튜드.

I am not satisfied with your attitude.

저는 당신의 태도에 만족하지 못합니다.

관련 표현

아이 띵크 유 니드 투 췌인지 유얼

I think you need to change your

애티튜드.

attitude.

저는 당신이 태도를 바꿔야 한다고 생각합니다.

유 슈든 트릿 미 라이크 댓.

You shouldn't treat me like that.

당신은 그렇게 저를 대해서는 안됩니다.

PLUS

유 해브 언 애티튜드 이슈.

You have an attitude issue.

당신 태도에 문제가 있어요.

Tip

영어로 태도를 attitude라고 한다. 이 단어는 원래 자세를 의미하는 단어에서 유래되었다. 우리 몸의 자세가 태도와 연관이 있기 때문이다. 유용한 단어이니 잘 익혀서 사용해보자.

와이 두 유 어보이드 미?
A Why do you avoid me?

아이 해브 나띵 투 쎄이 투 유.
B I have nothing to say to you.

디드 아이 두 썸띵 뤙?
A Did I do something wrong?

아이 앰 낫 쌔티스파이드 윗 유얼 애티튜드.
B I am not satisfied with your attitude.

A 왜 저를 피하죠?
B 당신과 어떤 말도 할 말이 없어요.
A 제가 잘못한 것이 있나요?
B 당신의 태도에 불만이에요.

+PLUS
유 가러 텔 미 더 뤼즌.
You gotta tell me the reason.
이유를 저에게 말해주셔야 해요.

Tip

갈등이 있을 때는 원인이 있다. 위의 표현은 원인을 물어보는 질문들로 아주 유용한 표현들이 많다. 특히 Did I do something wrong은 싸울 때 자주 듣는 말이므로 잘 외워두면 유용하다.

단어

avoid [어보이드] 피하다
something wrong [썸씽 뤙] 잘못한 것, 잘못된 것
attitude [애티튜드] 태도
manner [매너] 태도, 방식

아이 앰 낫   쎄티스파이드 윗   유얼   애티튜드.
A I am not satisfied with your attitude.

돈   비 앵그리.
B Don't be angry.

플리즈   톡   투 미 이프 유   해브   어 프라블럼.
Please talk to me if you have a problem.

두 유   해브   에니 아이디어 왓   더   프라블럼   이즈?
A Do you have any idea what the problem is?

아이 돈   노우.   플리즈.   캄   다운.
B I don't know. Please, calm down.

A 당신의 태도에 불만이 있어요.
B 화내지 말아요. 문제가 있으면 이야기해요!
A 뭐가 잘못됐는지 알아요?
B 몰라요. 진정하세요.

Tip

Talk to me와 tell me는 모두 '나에게 말해주세요'라는 표현이다. 여기서 talk 뒤에는 to가 오고 tell me에는 to가 없다는 것을 알 수 있다. 그 이유는 tell이 to의 의미를 이미 갖고 있기 때문이다. 이렇게 어떤 동사는 전치사의 의미를 이미 갖고 있고 어떤 동사는 전치사가 필요하다.

단어

calm [캄] 고요한, 진정시키다
calm down [캄 다운] 진정하다
calmly [캄리] 고요히
calmness [캄니스] 고요함

기분이 좋지 않다고 표현할 때

아이 앰 낫 인 어 굿 무드 나우어데이즈.
I am not in a good mood nowadays.
저는 요즘 기분이 좋지 않아요.

관련 표현

아이 앰 쏘 어노이드 롸잇 나우.
I am so annoyed right now.
저는 지금 정말 짜증 나 있어요.

아이 앰 인 어 배드 무드 투데이.
I am in a bad mood today.
저는 오늘 기분이 안 좋아요.

PLUS
아이 필 테러블.
I feel terrible.
저 기분이 나빠요.

아이 필 이그노얼드.
I feel ignored.
저는 무시당한 기분이에요.

Tip

right은 원래 '올바른'이라는 뜻이지만 now와 함께 쓰이면 강조의 역할을 한다. 그래서 now라고만 하면 '지금'이 되지만 right now 라고 하면 '지금 당장'이 된다.

A Why are you so quiet?

B I am not in a good mood nowadays.

A What's wrong?

Is it about your future?

B I broke up with my boyfriend.

A 왜 이렇게 조용하세요?
B 요즘 기분이 좋지 않아요.
A 뭐가 잘못됐는데요? 당신의 미래에 관한 건가요?
B 남자친구랑 헤어졌어요.

Tip

어디를 가나 남녀가 연애를 하는 일은 흥미로운 대화거리이다. 미국의 데이트 문화와 우리나라의 데이트 문화의 차이가 있다면 미국은 사귀기 전 단계에서도 공식적으로 데이트를 한다고 하고 우리나라는 사귀기 전에는 비공식적인 관계를 갖는다는 것이다.

단어

future [퓨처] 미래
date [데이트] ~와 데이트하다
go out with [고우 아웃 윗] ~와 사귀다
go steady with [고우 스테디 윗] ~와 고정적으로 사귀다

아이 띵크 유 아 인 어 배드 무드.
A I think you are in a bad mood.

아이 앰 쏘 어노이드 롸잇 나우.
B I am so annoyed right now.

텔미.
A Tell me.

이즈 데얼 에니띵 아이 캔 두 포 유?
Is there anything I can do for you?

잇 해즈 썸띵 투 두 윗 마이 월크.
B It has something to do with my work.

A 제 생각에 당신은 기분이 안 좋은 것 같아요.
B 네, 지금 짜증나는 일이 있어서요.
A 말해 보세요. 제가 해줄 수 있는 것이 있나요?
B 업무 관련 일이에요.

Tip

영어로 관련이 있다고 할 때 자주 쓰는 표현 중 하나가 have something to do with ~이다. 이 표현은 직역을 하면 말이 되지 않고 그냥 '~와 관련이 있다'라고 해석이 된다. 일상생활에서 자주 쓰이는 표현이니 잘 외워서 사용해보자.

단어

bad mood [배드 무드] 불쾌한 기분
have something to do with [해브 썸띵 투 두 윗] ~와 관련이 있다
unhappy [언해피] 행복하지 않은
not well [낫 웰] (상태가) 좋지 않은

기분이 좋다라고 할 때

아이 앰 인 어 굿 무드 나우어데이즈.
I am in a good mood nowadays.
저 요즘 기분이 좋아요.

관련 표현

왓 아 유 해피 윗?
What are you happy with?
무슨 일이 그렇게 기분 좋나요?

아이 앰 쏘 해피 투데이.
I am so happy today.
저는 오늘 너무 행복해요.

PLUS

아임 온 클라우드 나인.
I'm on cloud nine.
나는 기분이 정말 좋아.

아임 인 하이 스피릿.
I'm in high spirit.
나는 정신이 맑고 좋다.

Tip

영어로 '행복한'을 happy라고 한다. 무엇 때문에 행복한지 말할 때는 happy 뒤에 with나 about을 쓰고 행복한 이유를 말해주면 된다.

대화문 ①

유 룩 해피 투데이.
A You look happy today.

아이 앰 인 어 굿 무드 나우어데이즈.
B I am in a good mood nowadays.

왓 아 유 해피 어바웃?
A What are you happy about?

파이널리, 마이 걸프렌드 억쎕티드 마이 프로포절.
B Finally, my girlfriend accepted my proposal.

A 보아하니, 당신은 오늘 기분이 좋은 것 같은데요!
B 요즘 기분이 좋아요.
A 무슨 일이 그렇게 기분 좋나요?
B 제 여자친구가 청혼에 응했어요.

+PLUS
아이 필 라이크 아이 앰 온 더 탑 옵 더 월드.
I feel like I am on the top of the world.
세상의 정상에 있는 느낌이야.

Tip

미국에서는 우리나라와 다르게 남자가 정식으로 프러포즈를 해야 결혼할 관계가 되는 것으로 알려져 있다. 반면 우리나라는 정식으로 프러포즈를 하지 않고 약혼을 하는 경우도 많다.

단어

look happy [룩 해피] 행복해 보이는
finally [파이널리] 마침내
accept [억쎕트] 받아들이다
proposal [프로포절] 프러포즈

아이 앰 인 어 굿   무드   나우어데이즈.
A **I am in a good mood nowadays.**

이즈 데얼   에니띵   댓   메익스   유   해피?
B **Is there anything that makes you happy?**

텔미   어바웃   잇.
Tell me about it.

아이 갓 프로모우티드.   올쏘, 아이 갓 어 쌜러리   뤠이즈!
A **I got promoted. Also, I got a salary raise!**

와우!   콩그레츌레이션스!
B **Wow! Congratulations!**

A 저 요즘 기분이 좋아요.
B 무슨 기분 좋아지는 일 있어요? 저한테도 알려줘요.
A 저 승진했어요. 월급도 올랐어요!
B 와! 축하해요!

➕**PLUS** 아이 필 라이크 아이 앰 인 어 드림.
I feel like I am in a dream.
꿈 속에 있는 것 같아요.

Tip

수동태를 표현할 때는 동사의 과거분사형 앞에 be동사와 get 두 단어를 쓸
수 있다. 이 둘은 차이가 별로 없지만 get을 쓰면 당한다는 느낌을 강조해
줄 수 있다.

단어
----
promote [프로모트] 촉진하다, 승진시키다
promoted [프로모티드] 승진한
salary [샐러리] 봉급 **raise** [뤠이즈] 올리다, 상승

맞장구칠 때

댓츠 라잇!
That's right!
맞습니다!

관련 표현

댓츠 라잇! 아이 띵 쏘 투.
That's right! I think so, too.
맞습니다! 저도 그렇게 생각해요.

아이 어그리 윗 왓 유 쎄드.
I agree with what you said.
당신이 한 말에 동의해요.

PLUS

아이 캔트 어그리 모얼.
I can't agree more.
전적으로 동의해요.

유 캔 쎄이 댓.
You can say that.
그렇게 말할 수 있죠.

Tip

미국에서는 서로 대화를 할 때 맞장구를 쳐주는 것이 중요하다. 감정을 표현하는 것이 익숙하기 때문이다. 만약에 대화를 하는데 맞장구가 없다면 상대방이 금방 지루해 할 것이다.

A Didn't you notice that Jane became prettier?

B I think so, too. Maybe she is seeing someone.

A It seems like that, but I am not sure.

B Let's ask her later.

A 최근에 제인이 더욱더 예뻐진 것 발견 못했어요?
B 저도 그렇게 생각해요! 연애하는 거 아닌가요?
A 그런 것 같아요, 하지만 확신은 못 하겠어요.
B 나중에 그녀에게 물어봐요.

Tip

영어로 동의할 때 I think so too라는 말을 많이 한다. 그런데 여기서 주의해야 할 점이 too를 써야 한다는 것이다. too를 쓰지 않으면 의미가 완전하게 전달되지 않는다.

단어

notice [노티스] 알아차리다
prettier [프리티얼] 더 예쁜
seems like [씸즈 라이크] ~인 것 같다
seem to [씸 투] ~한 것 같다

79 맞장구 칠 때　273

A 아월 쏘싸이어티 이즈 컴페티티브,
Our society is competitive,

앤 파인딩 어 좝 이즈 비커밍 하더.
and finding a job is becoming harder.

B 댓츠 롸잇.
That's right.

왓 두 유 원 투 두 인 더 퓨철?
What do you want to do in the future?

A 아이 원 투 비 어 씨이오 옵 언 인터내셔널
I want to be a CEO of an international

컴퍼니.
company.

B 아이 빌리브 유 월 어취브 댓 드림.
I believe you will achieve that dream.

A 사회 경쟁이 치열한데, 취업은 점점 더 어려워요!
B 맞습니다. 미래에 뭘 하고 싶어요?
A 국제 기업의 최고경영자가 되고 싶어요.
B 그 꿈을 이루실 거라고 믿어요.

Tip --

영어로 '경쟁적인'을 competitive라고 한다. 이 단어는 우리나라에 대해서 설명할 때도 많이 쓰이는데 한국 사회가 특히 경쟁적이기 때문이다. 외국 사람들도 한국에 와본 사람은 이러한 특징에 대해 잘 알고 있다.

단어 --

society [소사이어티] 사회   **competitive** [컴페티티브] 경쟁적인
international [인터내셔널] 국제적인   **achieve** [어취브] 성취하다

80 | 화낼 때

아이 앰 쏘 피쓰뜨 오프.

I am so pissed off.
정말 화나요.

관련 표현

아이 앰 쏘 피쓰뜨 오프. 아이 워즈 스콜디드 바이

I am so pissed off. I was scolded by

마이 보스.

my boss.
정말 화나요. 오늘 상사에게 혼났어요.

아이 앰 쏘 피쓰뜨 오프.

I am so pissed off.

아이 디든 겟 프로모우티드 어게인.

I didn't get promoted again.
화나요. 또 승진되지 않았어요.

PLUS

아임 틱뜨 오프.

I'm ticked off.
저 화났어요.

Tip

화가 났다는 것을 의미하는 단어들은 많이 있다. 그 중에 대표적으로 알려진 것이 angry인데 구어체에서는 pissed off를 많이 쓴다.

아이 앰 쏘 피쓰프 오프!
A I am so pissed off!

와이? 후 메이드 유 쏘 앵그리?
B Why? Who made you so angry?

이츠 폴.
A It's Paul.

아이 씨. 아이 띵크 잇 워즈 저스트 어 조크.
B I see. I think it was just a joke.

A 정말 화나요!
B 왜요? 누가 그렇게 화나게 했나요?
A 폴이 그랬어요.
B 그렇군요. 제 생각에는 그냥 농담이었던 것 같아요.

+PLUS
렛 아웃 썸 스팀.
Let out some steam.
화 푸세요.

Tip

영어의 이름들은 많은 경우 성경에서 나왔다. 서양의 대부분의 나라가 기독교를 근본으로 하고 있기 때문이다. 예를 들어 Paul은 바울을 의미하는데 성경에 나오는 사도 중에 한 명이다.

단어

piss [피스] 오줌을 누다
pissed off [피스뜨 오프] 화난
joke [조크] 농담
prank [프랭크] 장난

아이 앰 쏘 피쓰드 오프.
🅐 I am so pissed off.

왓 메이드 유 쏘 앵그리?
🅑 What made you so angry?

마이 보스 이즈 낫 쌔티스파이드 윗 마이 리포트.
🅐 My boss is not satisfied with my report.

아이 해브 투 롸잇 잇 어게인.
I have to write it again.

히 씸즈 투 비 피키.
🅑 He seems to be picky.

🅐 화나요!
🅑 뭐 때문에 그렇게 화났어요?
🅐 제 상사가 제 보고서에 만족하지 못해서 다시 써야해요.
🅑 그가 좀 까다로운가 보네요.

＋PLUS
잇 캔트 비 댓 배드.
It can't be that bad.
그렇게 나쁘지는 않겠죠.

Tip
영어로 '까다로운'을 picky라고 한다. 이 단어는 pick이라는 단어에서 나왔는데 '고르다'라는 뜻이다. 다양한 것을 수용하지 않고 항상 골라야 하는 것이니 왜 pick에서 유래되었는지 알 수 있다.

단어
report [리포트] 보고서
pick [픽] 선택하다
picky [피키] 까다로운 **pick up** [픽 업] 골라내다

이츠 쏘 어노잉.
It's so annoying.
이거 정말 짜증나요.

관련 표현

아이 앰 쏘 이리테이티드.
I am so irritated.
저는 짜증이 나요.

아이 캔트 스탠드 잇.
I can't stand it.
정말 참을 수 없어.

PLUS

돈 메익 미 앵그리.
Don't make me angry.
화나게 하지 말아요.

워치 유얼 마우쓰.
Watch your mouth.
말 조심해.

Tip

영어로 짜증난 것을 표현하는 방법은 다양하다. irritated는 '짜증난'이라는 형용사이다. 위에서 세 번째 표현인 I can't stand it의 stand는 '서다'라는 뜻이 아니라 '참다'라는 뜻이다.

더   파이널 익잼   이즈 커밍.
A The final exam is coming.

이츠 쏘 어노잉.
It's so annoying.

와이   이즈 잇 어노잉?
B Why is it annoying?

아이브 빈   두잉   어 파트   타임   잡.
A I've been doing a part time job,

쏘 아이 디든   해브   타임 투 스터디.
so I didn't have time to study.

아이 씨. 쏘리   투 히얼   댓.
B I see. Sorry to hear that.

A 곧 기말고사인데, 짜증나요.
B 왜 짜증이 나요?
A 아르바이트를 계속해서 공부할 시간이 없었어요.
B 그렇군요. 안됐어요.

Tip

annoying은 '짜증나게 하다'라는 annoy에서 나온 단어이다. 여기서 ing를 붙여서 annoying을 만들면 '짜증나게 하는'이라는 뜻이 되고 'annoyed'를 만들면 '짜증난'이 된다. 예) It is annoying. – 이것은 짜증나게 해. I am annoyed. – 나는 짜증났다.

단어

exam [익잼] 시험 **final exam** [파이널 익잼] 기말고사
mid term [미드 텀] 중간 고사
part time job [파트 타임 잡] 아르바이트

왓   두 유   원   투 잇   포 디너?
A What do you want to eat for dinner?

아이 돈   원   투 잇.
B I don't want to eat.

아이 앰 쏘   이리테이티드.
I am so irritated.

왓츠   뤙?
A What's wrong?

아이 로스트 마이 좝.
B I lost my job.

- -

A 저녁에 뭐 먹으면 좋을까요?
B 저는 먹고 싶지 않아요. 저는 너무 짜증이 나요.
A 무슨 문제예요?
B 직장을 잃었어요.

+PLUS

잇 헐츠   마이 프라이드.
It hurts my pride.
그것은 자존심 상하게 해요.

Tip
- -

lost는 '잃었다'라는 뜻으로 lose (잃다)의 과거형이다. lose의 형태변화는
lose-lost-lost로 A-B-B의 형태를 갖고 있다. lose는 '잃다'라는 뜻 이외
에도 '지다'라는 뜻이 있다.

단어
- -

irritate [이리테잇] 짜증나게 하다
irritated [이리테이리드] 짜증난   **lost** [로스트] 잃었다
lost a job [로스트 어 잡] 일자리를 잃었다

왓 아 유 두잉? 스탑 잇!
What are you doing? Stop it!
뭐 하는 거예요? 그만해요!

관련 표현

와이 아 유 두잉 디쓰?
Why are you doing this?
왜 이런 것을 하는 거예요?

하우 데얼 유 두 댓?
How dare you do that?
어떻게 감히 그것을 할 수 있어요?

PLUS

유 돈 원 투 쎄이 댓.
You don't want to say that.
그렇게 말하면 안되죠.

아 유 아웃 옵 유얼 마인드?
Are you out of your mind?
제 정신이니?

Tip

dare은 '감히'라는 뜻이다. 이 단어는 특이하게도 단독으로 쓰이지 않고 주로 How 뒤에 붙어서 쓰인다. How dare을 말하고 뒤에 문장을 말하면 '어떻게 감히 ~하나요?'라는 뜻이 된다.

왓 아 유 두잉? 스탑 잇!
Ⓐ What are you doing? Stop it!

왓 디드 아이 두 뤙?
Ⓑ What did I do wrong?

아이 저스트 쏘우 유 커링 인 라인.
Ⓐ I just saw you cutting in line.

아이 앰 인 어 허리. 쏘리.
Ⓑ I am in a hurry. Sorry.

Ⓐ 뭐 하는 거예요? 그만해요!
Ⓑ 제가 무슨 잘못을 했는데요?
Ⓐ 방금 새치기한 것 봤어요!
Ⓑ 제가 급한 일이 있어서요. 죄송해요.

➕ PLUS

유 아 인쎄인.
You are insane.
제 정신이 아니구나.

Tip

영어로 '바쁘다'를 in a hurry라고 한다. 여기서 hurry는 명사로 '서두름, 급함'이라는 뜻을 갖고 있다. hurry는 동사로 '빠르게 행동하다'라는 뜻도 갖고 있다. 자주 쓰이는 표현으로는 You'd better hurry가 있는데 서두르라는 뜻이다.

단어

stop it [스탑 잇] 그만해요
hurry [허리] 서두르다, 서두름
in a hurry [인 어 허리] 바쁜
hurry up [허리 업] 서둘러

왓 아 유 두잉? 스탑 잇!
A **What are you doing? Stop it!**

왓 아 유 토킹 어바웃?
B **What are you talking about?**

아이 쏘우 유 스틸링 마이 머니.
A **I saw you stealing my money.**

왓?
B **What?**

A 뭐 하는 거예요? 그만해요!
B 무슨 말이에요?
A 제 돈 훔쳐가는 거 봤어요.
B 뭐라고요?

+PLUS
댓 이즈 낫 리스펙트풀.
That is not respectful.
존중하지 않는군요.

Tip

영어로 누군가 '~하는 것을 보았다'라고 말할 때는 see + 본 사람 + 행동의 형태로 쓴다. 예를 들어서 '나는 네가 점프를 하는 것을 보았다'를 말하고 싶으면 I saw you jumping이라고 하면 된다.

단어

steal [스틸] 훔치다
thief [띠프] 도둑
rob [롭] 도둑질하다
pickpocket [픽파켓] 소매치기(꾼)

플리즈　　해브　 썸　　　모어.
Please have some more.
좀 더 드세요.

인조이　　유얼　　푸드.　　아이 메이드　 얼랏.
Enjoy your food. I made a lot.
음식 맛있게 드세요. 제가 많이 만들었어요.

인조이　　유얼　　푸드.
Enjoy your food.
디쓰　 이즈 마이　페이버릿　　디쉬.
This is my favorite dish.
음식 맛있게 드세요. 이건 제가 가장 좋아하는 음식이에요.

PLUS　잇　에니띵　　유　 원트.
Eat anything you want.
원하는 건 다 먹어요.

Tip

우리나라에서는 밥을 먹기 전에 '맛있게 드세요'라는 말을 많이 한
다. 이 표현과 완벽하게 똑같은 영어표현은 없지만 enjoy your
food이라고 하면 음식을 즐기라는 뜻이 되니 비슷한 상황에서 쓸
수 있다.

위 월 타이얼드 옵 이팅 아웃.
A We were tired of eating out.

아이 띵크 유 아 러 그뤠잇 쿡.
I think you are a great cook.

뤼얼리? 플리즈 해브 썸 모어.
B Really? Please have some more.

더 치킨 버거 쑤츠 마이 테이스트,
A The chicken burger suits my taste,

앤 이즈 베리 딜리셔스.
and is very delicious.

땡큐. 아이 앰 글래드 투 히얼 댓.
B Thank you. I am glad to hear that.

A 우리 외식하는 것 질렸는데. 당신은 훌륭한 요리사네요.
B 그래요? 좀 더 드세요.
A 치킨버거가 제 입맛에 맞고, 맛있어요.
B 고마워요. 그 말을 들으니 기쁘네요.

Tip

우리나라에 '질리다'라는 표현이 있듯이 영어에도 그런 표현이 있다. 바로 tired of ~이다. 앞에 be동사를 쓰고 이 표현을 쓰면 '~에 질렸다'라는 뜻이 된다. 예를 들어 '나는 여기에 앉아있는 것이 질렸다'라고 하고 싶으면 I am tired of sitting here이라고 하면 된다.

단어

tired of [타이얼드 옵] ~에 질린   **cook** [쿡] 요리사
suit [숫] 어울리다   **taste** [테이스트] 맛, 입맛
delicious [딜리셔스] 맛있는

인조이   유얼   푸드.   이츠 코뤼언   스타일.
A Enjoy your food. It's Korean style.

잇 룩스   뷰티풀.   왓츠   디쓰?
B It looks beautiful. What's this?

댓츠   떡볶이.   이츠 어 빗   스파이씨.
A That's Tteokbokki. It's a bit spicy.

오!   아이 러브 스파이씨 푸드.
B Oh! I love spicy food.

A 음식 맛있게 드세요. 이건 한국식이에요.
B 너무 예뻐 보여요. 이게 뭐예요?
A 그건 떡볶이에요. 조금 매워요.
B 오! 저 매운 음식 좋아해요.

➕PLUS

유   캔   잇   디쓰   에브리   데이.
You can eat this every day.
너는 이것을 매일 먹을 수 있어.

Tip

한국 음식은 맵기로 유명하다. 매운 음식이 없는 나라에서 온 사람들은 떡볶이나 김치도 맵게 느끼는 경우가 많이 있다. 매운 음식은 한국 문화에 대해 이야기할 때 좋은 대화거리다.

단어

Tteokbokki [떡볶이] 떡볶이
beautiful [뷰티풀] 아름다운
spicy [스파이씨] 매운
sweet [스윗] 달콤한
salty [쏠티] (맛이) 짠

아이 앰 헝그리.

I am hungry.

배가 좀 고프네요.

관련 표현

아이 앰 스탈빙.

I am starving.

저 배고파 죽겠어요.

이즈 데얼 에니띵 아이 캔 잇?

Is there anything I can eat?

제가 먹을 수 있는 거 있어요?

PLUS

아이 쿠드 잇 어 홀스.

I could eat a horse.

말도 먹을 수 있겠어요.

아이 엠 헝그리 애즈 울프.

I am hungry as wolf.

저는 몹시 배고파요.

Tip

배가 고프다고 할 때 사용할 수 있는 대표적인 형용사는 2개가 있다. 바로 hungry와 starving이다. hungry는 그냥 배가 고플 때 사용하는 말이고 starving은 너무 고플 때 하는 말이다. starving은 '굶주린'이라는 뜻을 갖고 있기 때문이다.

허니. 아이 앰 어 빗 헝그리.
A Honey, I am a bit hungry.

더 롸이스 이즈 올모스트 뤠디. 저스트 원 쎄컨드.
B The rice is almost ready. Just one second.

아이 앰 타이얼드 옵 딜리버리 푸드.
A I am tired of delivery food.

아이 러브 유어 된장찌개.
I love your Doenjang-jjigae.

인조이 유어 푸드.
B Enjoy your food.

A 여보, 배가 좀 고프네요.
B 밥이 곧 돼요. 조금만 기다려요.
A 배달음식은 질렸어요. 당신의 된장찌개가 너무 좋아요.
B 맛있게 먹어요.

PLUS 아이 니드 푸드.
I need food.
음식이 필요해요.

Tip

외국에도 우리나라처럼 음식을 배달하는 문화가 있다. 하지만 우리나라처럼 잘 되어 있는 나라는 드물다. 우리나라 이외에 음식문화가 발달한 나라는 중국, 일본 등이 있다.

단어

hungry [헝그리] 배고픈
hunger [헝거] 배고픔
delivery [딜리버리] 배달 **deliver** [딜리버] 배달하다

허니.　　아이 앰 어 빗　형그리.
A Honey, I am a bit hungry.

유　아　올웨이즈　스탈빙.
B You are always starving.

왓?　　왓츠　룅　윗　유.
A What? What's wrong with you?

아이 앰 쏘리.　아이 앰 어 빗　타이얼드.
B I am sorry. I am a bit tired.

A 여보, 배가 좀 고프네요.
B 당신은 항상 굶주려 있죠.
A 뭐라고요? 뭐가 문제예요?
B 미안해요. 제가 좀 피곤해서요.

+PLUS　유얼　스토먹　이즈 그라울링.
Your stomach is growling.
당신 배가 꼬르륵거려요.

Tip

tired of ~는 '~에 질린'이라는 뜻이지만 of를 빼고 tired만 쓰면 '피곤한'이라는 뜻이 된다. 이렇게 영어에서는 전치사의 유무에 따라 뜻이 달라지는 단어들도 있으니 주의해야 한다.

단어

starve [스탈브] 굶주리다
starving [스탈빙] 굶주린
tired [타이어드] 피곤한
sick and tired [씩 앤 타이어드] 지긋지긋한

아이 앰 풀.

I am full.

배불러요.

아이브 해드 플렌티.

I've had plenty.

정말 많이 먹었어요.

아이 캔트 잇 에니모얼.

I can't eat anymore.

더 못 먹겠어요.

PLUS

아이 캔트 잇 어나덜 바잇.

I can't eat another bite.

한 입도 더 못 먹겠어요.

아이 해드 모얼 댄 이너프.

I had more than enough.

저 좀 과하게 먹었어요.

Tip

영어로 배가 부르다고 표현하는 방법은 다양한데 가장 흔히 쓰이는 표현이 I am full이다. 여기서 full은 '가득 찬'이라는 뜻을 갖고 있다. 여기서는 많이 먹어서 배에 음식이 가득 찼다는 것을 의미한다.

땡큐　　　　포 테이킹　미 투 디쓰 뤠스토랑.
A Thank you for taking me to this restaurant.

아이 앰 쏘 풀.
I am so full.

아이 앰 글래드 투 히얼 댓.
B I am glad to hear that.

아이 띵크 더 푸드 히얼 이즈 어메이징.
A I think the food here is amazing.

디쓰 이즈 더 모스트 파퓰러 뤠스토란트
B This is the most popular restaurant

인 디쓰 씨티.
in this city.

A 이 음식점에 데리고 와 주셔서 감사합니다. 너무 배부르네요.
B 그렇게 말씀해 주시니 기쁘네요.
A 이곳 음식은 정말 놀라워요.
B 여기는 이 도시에서 가장 유명한 음식점이에요.

Tip

반가운 소식을 들었을 때 상대방에게 그에 합당한 반응을 해주는 것은 중요하다. 그 때 사용할 수 있는 표현이 I am glad to hear that이다. 이 표현은 그 말을 해서 기쁘다는 뜻을 갖고 있고 다양한 상황에서 쓸 수 있다.

단어

full [풀] 가득 찬, 배부른　**amazing** [어메이징] 놀라운
amaze [어메이즈] 놀라게 하다
city [시티] 도시

대화문 ❷

아이 앰 풀. 땡큐 포 더 푸드.
A **I am full. Thank you for the food.**

아이 원티드 투 테익 유 투 어 뤠스토란트.
B **I wanted to take you to a restaurant.**

네버 마인드.
A **Never mind.**

유얼 푸드 워즈 더 베스트.
Your food was the best.

아이 앰 플래털드.
B **I am flattered.**

땡큐 베리 머치.
Thank you very much.

●●●

A 배부르네요. 식사 대접해 주셔서 감사합니다.
B 원래는 음식점에 데리고 가 드리고 싶었어요.
A 신경 쓰지 말아요. 당신 음식이 최고였어요.
B 과찬에 감사 드려요.

(**Tip**)‒‒

영어로 '괜찮다'를 뜻하는 표현은 많이 있다. 그 중 하나가 never mind이다.
이 표현을 직역하면 '결코 마음이 아닌'이 되지만 하나의 관형어로 마음 쓰
지 않아도 된다는 뜻을 갖고 있다.

(**단어**)‒‒‒

never [네버] 절대 ~하지 않다 **mind** [마인드] 언짢아하다
displeased [디스플리즈드] 불쾌한
unpleasant [언플레전트] 기분이 안 좋은

유 룩 더 쎄임 애즈 비포.
You look the same as before.
여전히 그대로시네요.

관련 표현

포 미, 유 해븐 췌인지드 앳 올!
For me, you haven't changed at all!
제가 볼 때 당신은 조금도 변하지 않았어요!

유 스틸 라이크 투 톡 앤 래프.
You still like to talk and laugh.
당신은 여전히 말하고 웃는 것을 좋아하네요.

PLUS

유 아 쏘 유.
You are so you.
정말 너 같아.

유 룩 영걸 댄 비폴.
You look younger that before.
전보다 젊어 보여요.

Tip

at all은 '전혀'라는 뜻을 갖고 있다. 이 표현은 주로 부정문이나 의문문에 쓰이고 문장 전체를 강조해주는 역할을 한다.

A It's been 10 years since we graduated,
이츠 빈　　텐 이얼스 씬스　위　그래쥬에이티드.

but you look the same as before.
벗 유 룩 더 쎄임 애즈 비포.

B What? I got old. For me,
왓?　　아이 갓 올드. 포 미,

you haven't changed.
유 해븐 췌인지드.

A How is that possible?
하우 이즈 댓 파써블?

Look at the wrinkles here.
룩 　앳 더 륑클스 　히얼.

B That's fine. Let's keep in touch.
댓츠 파인. 레츠 킵 인 터치.

A 졸업한지 10년 정도인데 그대로네요.
B 무슨! 늙었어요. 제가 볼 때는 당신이 변하지 않았어요.
A 어떻게 그게 가능해요? 여기 주름 좀 보세요.
B 괜찮아요. 나중에 계속 연락해요.

Tip

오랜만에 친구들을 만나면 가장 먼저 하는 것이 외모에 대한 이야기이다. 가장 먼저 보이는 것이 외모이기 때문이다. 위의 표현들을 잘 익혀서 필요한 상황에 사용해보자.

단어
----

look the same [룩 더 세임] 똑같아 보이다　**wrinkle** [륑클] 주름
pimple [핌플] 여드름　**freckle** [프레클] 주근깨

유 룩 더 쎄임 애즈 비포.

A You look the same as before.

낫 앳 올. 아이 앰 낫 애즈 스트롱 애즈 비포.

B Not at all. I am not as strong as before.

하우즈 유어 헬스?

How's your health?

낫 배드. 아이 월크 아웃 에브리 데이.

A Not bad. I work out every day.

나이스. 헬스 이즈 베리 임폴턴트.

B Nice. Health is very important.

A 여전히 그대로신데요.
B 전혀 아니에요. 전처럼 강하지 않아요. 건강은 어떠세요?
A 나쁘지 않아요. 매일 운동하거든요.
B 좋네요. 건강이 정말 중요해요.

➕ PLUS

유 니드 투 액트 유얼 에이쥐.

You need to act your age.

나잇값을 해야 해요.

Tip

'운동하다'를 영어로 work out이라고 하기도 하고 exercise라고 하기도 한다. 이 둘의 차이점은 work out은 주로 헬스장에서 하는 세트 운동을 의미하고 exercise는 신체적인 운동을 포괄적으로 가리킨다는 것이다.

단어

the same as before [더 세임 애즈 비포] 전과 같은
strong [스트롱] 강한 **important** [임폴턴트] 중요한
importance [임폴턴스] 중요성

대화문 ❷

86 여전히 그대로다라고 할 때   **295**

87 시간이 늦어서 집으로 간다고 할 때

이츠 투 레잇. 아이 가러 고우 홈.
It's too late. I gotta go home.
시간이 늦었네요. 집에 돌아가야겠어요.

관련 표현

이츠 투 레잇. 유 니드 투 고우 나우.
It's too late. You need to go now.
시간이 늦었네요. 지금 가셔야겠어요.

이츠 달크 아웃싸이드. 아이 니드 투 리브.
It's dark outside. I need to leave.
밖에 어두워졌는데 저는 가야겠어요.

PLUS

아이 해브 어나덜 미팅 인 텐 미니츠.
I have another meeting in 10 minutes.
10분 후에 다른 모임 있어요.

Tip

우리나라에서나 외국에서나 자리를 떠날 때는 적당한 분위기를 봐서 떠나야 한다고 이야기하는 것이 중요하다. 위의 표현들처럼 이유와 함께 말하면 더 좋다.

이츠 투 레잇.
A It's too late.

아이 가러 고우 홈.
I gotta go home.

왓츠 더 러시?
B What's the rush?

마이 칠드런 아 웨이팅 포 미.
A My children are waiting for me.

아이 씨. 씨 유 넥스트 타임.
B I see. See you next time.

A 시간이 늦었네요. 집에 돌아가야겠어요.
B 뭐가 급해요?
A 제 아이들이 절 기다려요.
B 그렇군요. 다음에 봐요.

+PLUS 유 아 스틸 히얼.
You are still here.
(가지 않고) 아직 여기 있었네요.

Tip

rush는 '서두르다'라는 뜻으로 동사이지만 위의 경우처럼 명사로 쓰일 수 있다. 명사로 쓰일 때는 '빠른 움직임'이라는 뜻이고 What's the rush?라고 하면 '뭐가 급해요?'라는 뜻이 된다.

단어

children [칠드런] 아이들
child [차일드] 한 명의 아이
kids [키즈] 아이들　**teenager** [틴에이저] 청소년

대화문 ❷

이츠 투 레잇. 아이 가러 고우 홈.
A It's too late. I gotta go home.

땡큐 포 해빙 미 투데이.
Thank you for having me today.

컴 앤 비짓 미 에니타임 유 원트.
B Come and visit me anytime you want.

오케이. 넥스트 타임. 컴 투 마이 하우스.
A Okay. Next time, come to my house.

아일 렛 유 노 마이 어드레스.
I'll let you know my address.

그뤠잇! 드라이브 쎄이플리.
B Great! Drive safely.

A 시간이 늦어서 집에 가야겠어요. 오늘 초대해주셔서 감사합니다.
B 언제든 원하시면 오세요.
A 알겠어요. 다음에는 우리 집에 오세요. 저희 집 주소 알려줄게요.
B 좋아요! 조심해서 운전하세요.

Tip

영어에서는 우리나라처럼 '조심히 가세요'라는 표현이 없다. 그냥 직역하면 go safely가 되는데 이런 표현은 쓰지 않기 때문이다. 대신 운전을 하는 상황에서는 drive safely라고 할 수 있다.

단어

anytime [에니타임] 언제든
anyhow [에니하우] 어쨌든
anywhere [에니웨얼] 어디든
address [어드레스] 주소

아이 돈　　　언덜스탠드　　　　　잇.

I don't understand it.

그것은 정말 이해할 수 없어요.

관련 표현

아이 돈　　겟　잇.　와이　두　유　띵　　쏘?

I don't get it. Why do you think so?

이해 못 하겠어요. 왜 그렇게 생각하세요?

아이 돈　　　언덜스탠드　　　와이　유　디드　댓.

I don't understand why you did that.

당신이 왜 그것을 했는지 정말 이해할 수 없어요.

PLUS

아이 앰　낫　팔로윙　　　유.

I am not following you.

당신을 이해하지 못하고 있어요.

아이 디든　캐치　댓.

I didn't catch that.

그것 이해 못했어요.

Tip

이해할 수 없다는 것을 영어로 직역하면 I can't understand가 된다. 하지만 원어민들은 이 표현을 할 때 can't 보다 don't를 더 많이 쓴다.

아이 돈　언덜스탠드　　잇.
A I don't understand it.

텔　미　어바웃　잇.
B Tell me about it.

와이　디드 아월 보스 뤼젝　더　컨트랙트?
Why did our boss reject the contract?

아이 해브 노　아이디어.
A I have no idea.

웬　　디쥬　　톡　투 힘　라스트 타임?
When did you talk to him last time?

예스터데이.
B Yesterday.

A 그것은 정말 이해할 수 없어요.
B 그러게 말이에요. 왜 우리 상사가 계약을 거절했을까요?
A 모르겠어요. 그와 마지막으로 이야기했을 때가 언제예요?
B 어제요.

Tip

reject는 '거절하다'라는 동사이다. 여기서 re는 '다시'라는 뜻이고 ject는 '던지다'라는 뜻을 갖고 있다. 받은 것을 다시 던지는 것이니 거절하는 모습을 연상할 수 있다.

단어

boss [보스] 상사
reject [리젝트] 거절하다
contract [컨트랙트] 계약
yesterday [예스터데이] 어제

아이 돈　언덜스탠드 잇.
A I don't understand it.

왓?　　왓　　두 유　민?
B What? What do you mean?

아이 헐드　아이 앰 고잉　　투 비 파이얼드 넥스트 위크.
A I heard I am going to be fired next week.

웨얼　디쥬　　히얼　댓?
B Where did you hear that?

A 그것은 정말 이해할 수 없어요.
B 네? 무슨 뜻이에요?
A 제가 다음 주에 잘릴 거라고 들었어요.
B 어디서 들은 거예요?

PLUS 컴　어겐?
Come again?
다시 한번 말해줄래?

Tip

영어로 '해고하다'는 fire이다. 이 단어는 원래 명사로 '불'이라는 뜻을 갖고 있지만 동사로 쓰이면 '해고하다'가 된다. 강제로 회사를 나가야 하는 것이기 때문에 '사임하다'라는 뜻의 resign과는 조금 차이가 있다.

단어

fire [파이어] 해고하다, 불
fired [파이얼드] 해고 당한
employed [임플로이드] 고용된
unemployed [언임플로이드] 실직한

그 일은 정말 잊을 수 없는 일이라고 할 때

아이 캔트 폴겟 어바웃 잇.

I can't forget about it.

그 일은 잊기 어려워요.

관련 표현

아이 윌 네벌 폴겟 어바웃 잇.

I will never forget about it.

그 일은 결코 잊을 수가 없을 거예요.

왓츠 더 모스트 언폴게터블 띵

What's the most unforgettable thing

포 유?

for you?

당신에게 가장 잊을 수 없는 일은 무엇인가요?

PLUS

아이 캔트 겟 오벌 잇.

I can't get over it.

그것이 머리에서 떠나지 않아.

Tip

사람들과 이야기를 하다 보면 추억에 대해 이야기를 할 때가 있다. 위의 표현들은 그때 사용할 수 있는 표현들이다. 잘 익혀서 필요한 상황에 사용해 보자.

아이 윌 네벌 폴겟 어바웃 잇.
A I will never forget about it.

왓츠 댓?
B What's that?

더 미스테이크 아이 메이드 인 더 디스커션.
A The mistake I made in the discussion.

아이 뤼멤벌 댓.
B I remember that.

A 그 일은 결코 잊을 수 없을 거예요.
B 그게 뭔데요?
A 제가 토론회에서 한 실수요.
B 저 기억하고 있어요.

PLUS
베럴 데이즈 아 어헤드.
Better days are ahead.
더 좋은 날이 올 거야.

Tip

mistake는 '실수'라는 뜻이다. 우리나라에서는 '실수를 하다'라고 말을 하지만 영어에서는 '실수를 만들다'라고 해서 동사 make를 써야 한다. 자주 쓰이는 표현이니 잘 외워서 필요한 상황에 사용해보자.

단어

mistake [미스테이크] 실수
discussion [디스커션] 토론회
conference [컨퍼런스] 학회
talk [토크] 대화, 강연

왓츠   더   모스트   언폴게터블   띵   포 유?
A What's the most unforgettable thing for you?

웬   아이 갓 매리드.
B When I got married.

옵 콜스.   매리지   이즈 어 빅 띵   인 라이프.
A Of course. Marriage is a big thing in life.

마이 페어런츠   디든   컴   투 마이 웨딩
B My parents didn't come to my wedding

비코우즈   데이   해드 어 파잇.
because they had a fight.

A 가장 잊을 수 없었던 일은 무엇인가요?
B 제가 결혼할 때요.
A 물론이죠. 결혼은 인생의 큰일이니까요.
B 저희 부모님은 제 결혼식 때 못 오셨어요. 싸움을 하셨거든요.

Tip

wedding은 wed와 ing가 합쳐진 단어이다. wed는 독일어 계통에서 나온 단어인데 '서약'이라는 뜻을 갖고 있었다. 이 단어가 ing와 합쳐지면서 '결혼식'이라는 뜻이 된 것이다. 우리나라에서 결혼식과 결혼은 비슷하게 생겼지만 영어에서 결혼식은 wedding이고 결혼은 marriage이다.

단어

unforgettable [언폴게터블] 잊을 수 없는
marriage [매리지] 결혼
parents [페어런츠] 부모님
fight [파잇] 싸움

아이 디든 씨 댓 커밍.
I didn't see that coming.
정말 이렇게 될지 생각지도 못했어요.

관련 표현

아이 디든 씨 댓 커밍.
I didn't see that coming.

아이 앰 쏘 디써포인티드.
I am so disappointed.

정말 이렇게 될지 생각지도 못했어요. 저는 정말 실망했어요.

아이 디든 씨 댓 커밍.
I didn't see that coming.

이츠 투 레잇 투 뤼그렛 나우.
It's too late to regret now.

정말 이렇게 될지 생각지도 못했어요. 지금 후회해도 늦었어요.

Tip

살다 보면 예상하지 못한 일들이 많이 일어난다. 그때 쓸 수 있는 표현이 I didn't see that coming이다. 아주 유용한 표현이니 잘 외워서 적절한 상황에 사용해보자. disappointed는 '실망한'이라는 뜻이고 regret은 '후회하다'라는 뜻이다.

아이 디든 씨 댓 커밍.
A I didn't see that coming.

아이 앰 쏘리. 아이 렛 유 다운.
B I am sorry. I let you down.

아이 앰 파인. 벗 아월 컴퍼니 마잇 루즈 트러스트
A I am fine, but our company might lose trust

프럼 아덜즈.
from others.

왓 슛 아이 두?
B What should I do?

A 정말 이렇게 될지 생각지도 못했어요.
B 죄송해요. 실망시켜드렸네요.
A 저는 괜찮은데 우리 회사가 다른 회사로부터 신뢰를 잃을 수 있어요.
B 제가 어떻게 하면 좋을까요?

(Tip)

영어로 '실망시키다'라는 뜻을 갖고 있는 단어는 disappoint이다. 하지만 let을 이용해서 쉽게 표현할 수도 있는데 바로 let down이다. 일상회화에서 많이 나오는 표현이니 잘 외워서 사용해보자.

(단어)

let down [렛 다운] 실망시키다
disappoint [디스어포인트] 실망시키다
lose trust [루즈 트러스트] 신뢰를 잃다
trustable [트러스터블] 신뢰할 수 있는
trustworthy [트러스트 월디] 믿을만한

아이 디든 씨 댓 커밍.
A I didn't see that coming.

미 니덜. 아이 캔트 빌리브 디쓰.
B Me, neither. I can't believe this.

왓 위 캔 두 나우 이즈 미니마이징 더 로스.
A What we can do now is minimizing the loss.

오케이. 레츠 두 댓.
B Okay. Let's do that.

A 정말 이렇게 될지 생각지도 못했어요.
B 저도 그래요. 어떻게 이럴 수가.
A 지금 우리가 할 수 있는 건 손실을 최소화하는 거예요.
B 알겠어요. 그렇게 해요.

PLUS 디쓰 캔트 비 해프닝.
This can't be happening.
이런 일이 일어나다니.

Tip

우리나라 말에도 '저도 그래요'라는 말이 있다. 우리나라에서는 긍정이나 부정이나 이 표현을 쓸 수 있지만 영어는 다르다. 긍정일 때는 me too를 쓰고 부정일 때는 me neither을 쓴다.

단어

neither [니덜] ~도 아니다
minimize [미니마이즈] 최소화하다
maximize [맥시마이즈] 최대화하다
optimize [옵티마이즈] 최적화하다

8

도움

우리들은 사람들과의 관계 속에서 도움을 주거나 도움을 받으면서 살아가게 되는 것을 배우게 됩니다. 도움과 관련해서 할 수 있는 표현들을 정리해보았습니다.

도와달라고 부탁할 때

캔 유 깁 미 어 핸드?
Can you give me a hand?
절 도와줄 수 있나요?

관련 표현

캔 아이 애스크 유 어 페이벌?
Can I ask you a favor?
도움을 좀 요청해도 될까요?

캔 유 두 썸띵 포 미?
Can you do something for me?
저 뭐 좀 해줄 수 있어요?

PLUS

아이 니드 썸원 투 헬프 미 아웃.
I need someone to help me out.
저를 도와 줄 사람이 필요해요.

아이 니드 유 투 두 디쓰 포 미.
I need you to do this for me.
저를 위해 이것을 해 주세요.

Tip

give me a hand를 직역하면 '손을 준다'라는 뜻이다. 하지만 이
표현은 관용적인 표현으로 '도와주다'라는 뜻을 갖고 있다. help
도 쓸 수 있지만 다양한 표현을 알아서 여러가지 방법으로 표현을
해보자.

A Can you give me a hand?

B Yes. What do you want me to do?

A Please, organize the desk with me.

B No problem.

A 절 도와주실 수 있나요?
B 네. 제가 무엇을 해주기를 원하시나요?
A 저랑 같이 책상을 정리해주세요.
B 문제 없습니다.

PLUS
I am sorry. My hands are full.
미안해요. 지금 손이 좀 바빠요.

Tip

organize는 '정리하다', '조직하다'라는 뜻을 갖고 있다. 이 단어는 원래 organ (신체의 기관)에서 나온 단어이다. 우리 몸의 각 기관들이 질서정연하게 자리잡고 있는 것을 생각하면 쉽게 외울 수 있다.

단어

hand [핸드] 손, 도움
give a hand [기브 어 핸드] 도움을 주다
organize [올거나이즈] 정리하다
desk [데스크] 책상

91 도와달라고 부탁할 때　311

캔 유 두 썸띵 포 미?
A Can you do something for me?

예스, 왓 캔 아이 헬프 유 윗?
B Yes, what can I help you with?

플리즈, 쎈드 잇 투 더 폴스 플로어.
A Please, send it to the 4th floor.

오케이.
B Okay.

. . . .

A 저 뭐 좀 해줄 수 있어요?
B 네, 뭘 도와드릴까요?
A 이것을 4층으로 보내주세요.
B 알겠습니다.

➕PLUS 아이 윌 페이 유 백 포 디쓰.
I will pay you back for this.
이것에 대해 갚을게요.

Tip

영어로 층을 floor이라고 한다. 층을 stair이라고 알고 있는 사람들도 있는
데 stair는 층과 층 사이에 있는 계단을 의미한다. 헷갈리지 않도록 주의
하자.

단어

floor [플로어] 층
stair [스테어] 계단
hall [홀] 복도
backyard [백야드] 뒷마당

두 유 니드 에니 헬프?
Do you need any help?
도움이 필요하세요?

관련 표현

캔 아이 헬프 유 윗 썸띵?
Can I help you with something?
제가 도와드릴 일이 있나요?

왓 캔 아이 두 포 유?
What can I do for you?
제가 무엇을 해드릴까요?

PLUS

아이 캔 두 에니띵 포 유.
I can do anything for you.
당신을 위해 무엇이든 할 수 있어요.

디쓰 이즈 썸띵 아이 캔 헬프 유 윗.
This is something I can help you with.
이것에 대해 당신을 도와줄 수 있어요.

Tip

영어로 도움이 필요한지 묻는 표현은 위와 같이 다양하다. 사실 영어에는 각 상황에 쓸 수 있는 표현이 다양한데 영어를 능숙하게 사용하는 사람일수록 다양한 표현을 쓸 수 있다.

대화문 ①

두 유 니드 에니 헬프?
A Do you need any help?

노. 이츠 올모스트 던.
B No. It's almost done.

오케이, 레츠 고우 샤핑 애프터 유 피니시.
A Okay, let's go shopping after you finish.

그뤠잇!
B Great!

Ⓐ 도움이 필요하세요?
Ⓑ 아니에요. 이거 거의 다 끝났어요.
Ⓐ 알겠어요. 끝나면 같이 쇼핑 가요.
Ⓑ 좋아요!

PLUS
아이 캔 피결 잇 아웃 마이셀프.
I can figure it out myself.
저 혼자 할 수 있어요.

Tip

finish는 '마치다'라는 뜻을 갖고 있다. 이 단어는 fin이라는 단어와 연관이 있다. fin은 물고기의 지느러미 부분을 의미하고 프랑스어로는 '끝'이라는 뜻이다. 영어는 여러 언어의 영향을 받았는데 그 중 하나가 바로 프랑스어이다.

단어

finish [피니시] 마치다
finished [피니시드] 끝난, 완성된
end [엔드] 끝나다
ending [엔딩] 결말

아이 해브 투 월크   오벌타임   투나잇.
A I have to work overtime tonight.

캔   아이 헬프 유   윗   썸띵?
B Can I help you with something?

예스. 쿠쥬   메익   어 카피   옵 디쓰, 플리즈?
A Yes. Could you make a copy of this, please?

오케이.
B Okay.

A 오늘 저녁에 야근해야 돼요.
B 제가 도와드릴 일이 있나요?
A 고마워요! 이 자료를 복사 좀 해주시겠어요?
B 알겠습니다.

➕PLUS
유   캔트   두   잇 얼로운.
You can't do it alone.
당신 혼자서 이거는 못해요.

Tip

영어로 '복사하다'를 make a copy라고 한다. print는 복사를 하는 것이 아니라 인쇄를 하는 것이니 헷갈리지 않도록 주의해야 한다. '복사하다'를 한 단어로 말하고 싶으면 photocopy라고 하면 된다.

단어

tonight [투나잇] 오늘밤
copy [카피] 사본
printer [프린터] 프린터
photocopier [포토카피어] 복사기

노, 땡큐. 두 유얼 월크.
No, thank you. Do your work.
아닙니다, 고맙습니다. 당신 일 보세요.

관련 표현

노, 땡큐. 아이 캔 두 잇 얼로운.
No, thank you. I can do it alone.
아닙니다, 고맙습니다. 제가 혼자 할 수 있어요.

노, 땡큐. 이츠 어 원 펄쓴 좝.
No, thank you. It's a one-person job.
아닙니다, 고맙습니다. 한 사람이 해야 하는 일이에요.

PLUS

아이 원 투 두 잇 마이 웨이.
I want to do it my way.
제 방식으로 하고 싶어요.

디쓰 이즈 마이 뤼스판써빌리티.
This is my responsibility.
이건 저의 책임이에요.

Tip

세상에는 여러가지 일이 있다. 한 사람이 할 수 있는 일이 있고 여럿이서 같이 해야 하는 일이 있다. 영어로 한 사람이 할 수 있는 일을 one-person job이라고 한다.

A 두 유 니드 에니 헬프? 아이 앰 윌링 투 헬프.
A Do you need any help? I am willing to help.

B 노, 땡큐. 두 유얼 월크.
B No, thank you. Do your work.

A 이프 유 캔트 두 잇 얼로운, 플리즈 콜 미.
A If you can't do it alone, please call me.

B 오케이.
B Okay.

A 제가 도와드릴까요? 저는 도와드리고 싶습니다.
B 아닙니다, 고맙습니다. 당신 일 보세요.
A 혼자 하지 못하시면, 절 부르세요.
B 알겠습니다.

➕PLUS 썸 피플 프리펄 월킹 얼로운.
Some people prefer working alone.
어떤 이들은 혼자 일하기를 좋아해요.

Tip

영어로 '의지'를 will이라고 한다. 이 단어에서 온 be willing to ~라는 표현이 있는데 '~할 의지가 있다'라는 뜻이다. 아주 유용한 표현이니 잘 익혀서 적절한 상황에 사용해보자.

단어

be willing to [비 윌링 투] ~할 의지가 있다
will [윌] ~할 것이다, 의지
willingness [윌링니스] 기꺼이 하는 마음
willingly [윌링리] 자진해서

두 유 스틸 해브 얼랏 옵 월크 투 두?
A Do you still have a lot of work to do?

두 유 니드 에니 헬프?
Do you need any help?

노, 땡큐. 두 유얼 월크.
B No, thank you. Do your work.

덴, 아이 윌 저스트 리브. 굿 럭.
A Then, I will just leave. Good luck.

오케이. 씨 유 투머로우!
B Okay. See you tomorrow!

⸱⸱⸱

A 해야 할 일이 여전히 많나요? 도와드려요?
B 아닙니다, 고맙습니다. 당신 일 보세요.
A 그럼 저 그냥 갈게요. 행운을 빌어요.
B 그래요, 내일 봐요!

Tip

영어에서 명사를 꾸미는 것은 형용사이다. 이 형용사는 앞이나 뒤에 올 수 있는데 뒤에 오는 형용사 용법으로 to 부정사 (to + 동사)가 있다. 명사를 쓰고 그 뒤에 to 동사를 쓰면 '동사할 명사'라는 뜻이 된다. 예를 들어 pencil to use라고 하면 '쓸 연필'이 된다.

단어

good luck [굿 럭] 행운을 빈다
luck [럭] 운, 행운
luckily [러킬리] 운 좋게
luckless [러클리스] 재수 없는, 운 나쁜

길을 물어볼 때

익스큐즈   미.
Excuse me.

이즈 데얼   어 북스토얼   어라운드   히얼?
Is there a bookstore around here?
실례합니다. 이 근처에 서점이 있나요?

관련 표현

익스큐즈   미.
Excuse me.

이즈 데얼   어 뱅크   어라운드   히얼?
Is there a bank around here?
실례합니다. 이 근처에 은행이 있나요?

익스큐즈   미.
Excuse me.

이즈 데얼   어 썹웨이   스테이션   어라운드   히얼?
Is there a subway station around here?
실례합니다. 이 근처에 전철역이 있나요?

Tip

Is there ~라고 하면 '~가 있나요?'라는 뜻이다. 이 문장에서 맨 뒤에 장소만 붙여주면 '그 장소에 ~가 있나요?'가 된다. 아주 유용한 표현이므로 외워서 필요한 상황에서 사용해보자.

대화문 ❶

A 익스큐즈 미.
A Excuse me.

이즈 데얼 어 포스트 오피스 어롸운드 히얼?
Is there a post office around here?

B 예스, 이츠 롸잇 오버 데얼.
B Yes, it's right over there.

A 하우 캔 아이 겟 데얼?
A How can I get there?

B 고우 스트레잇, 앤 유 윌 파인드 잇.
B Go straight, and you will find it.

A 실례합니다. 이 근처에 우체국이 있나요?
B 저기 바로 있어요.
A 어떻게 가죠?
B 앞으로 쭉 걸어가면 찾으실 수 있을 거예요.

➕PLUS 땡큐 포 더 클리어 익스플러네이션.
Thank you for the clear explanation.
자세한 설명 감사해요.

Tip

영어로 there이라고 하면 '저기'라는 뜻이 된다. 하지만 영어에서 저기에 있다고 말할 때는 over을 같이 써준다. over은 '넘어서'의 뜻을 갖고 있어서 직역을 하면 '저기 너머'라는 뜻이 된다.

단어

post office [포스트 오피스] 우체국
straight [스트레이트] 곧바로   **straighten** [스트레이튼] 똑바로 하다
turn right/left [턴 롸잇/레프트] 오른쪽/왼쪽으로 돌다

익스큐즈   미. 이즈 데얼   어 뱅크   어롸운드   히얼?
A Excuse me. Is there a bank around here?

예스. 이츠 넥스   투 더   뮤지엄.
B Yes. It's next to the museum.

이즈 잇 파 프럼   히얼?
A Is it far from here?

낫   앳 올.
B Not at all.

이츠 어바웃   텐 미닛   워크   프럼   히얼.
It's about 10 minute walk from here.

A 실례합니다. 이 근처에 은행이 있나요?
B 네, 박물관 옆에 있어요.
A 이곳으로부터 머나요?
B 전혀 아니에요. 여기서 10분 걸으면 돼요.

PLUS
잇 워즈   낫   데얼.
It was not there.
저기 없던데요?

Tip

영어로 '멀다'를 far라고 한다. 어디서부터 멀다고 말하고 싶으면 뒤에 from ~를 붙여주면 된다. 반대로 가깝다고 할 때는 close to ~를 쓰면 된다.

단어
----

next to [넥스 투] ~옆에
museum [뮤지엄] 박물관
gallery [갤러리] 미술관
show [쇼] (극장의) 쇼

고우 스트레잇, 앤 고우 오벌 더
Go straight, and go over the

크로스로즈, 앤 유 윌 파인드 잇.
crossroads, and you will find it.

쭉 앞으로 걸어가서, 사거리를 지나면 찾으실 수 있어요.

관련 표현

턴 라잇 앤 고우 스트레잇 언틸 유
Turn right and go straight until you

어롸이브 앳 더 뱅크.
arrive at the bank.

오른쪽으로 도서서 은행에 도착할 때까지 직진하세요.

아이 앰 쏘리, 벗 아이 앰 어 스트레인져 투.
I am sorry, but I am a stranger too.

죄송합니다. 저도 타지인이라서요.

➕ PLUS

두 유 해브 구글 맵스 온 더 폰?
Do you have Google Maps on the phone?

핸드폰에 구글맵 있어요?

🚩 Tip

영어로 사거리를 crossroad라고 한다. cross는 가로지르는 것을
뜻하는데 십자 모양을 의미하기도 한다. 사거리는 십자 모양이고
road가 길이므로 crossroad가 사거리가 된 것이다.

A 익스큐즈 미. 이즈 데얼 어 코뤼언 뤠스토랑
Excuse me, is there a Korean restaurant

어롸운드 히얼?
around here?

B 아이 앰 쏘리. 아이 돈 노우, 이덜.
I am sorry. I don't know, either.

플리즈. 애스크 썸원 엘스.
Please, ask someone else.

A 오!
Oh!

B 오얼 아이 캔 룩 앳 잇 온 디 인터넷.
Or I can look at it on the Internet.

A 실례하겠습니다. 이 근처에 한국 음식점이 있나요?
B 죄송해요. 저도 잘 몰라요. 다른 분에게 물어보세요.
A 아!
B 아니면 제가 인터넷으로 찾아볼 수 있어요.

Tip ---

영어로 '찾다'를 표현하는 단어는 많이 있다. 대표적으로 find가 있는데 find는 찾는 행동을 강조할 때 쓰이고 한번 찾아보는 것은 look for가 더 많이 쓰인다. 사전이나 인터넷에서 정보를 찾을 때는 look at 혹은 look into 를 쓴다.

단어 ---

around here [어롸운드 히얼] 여기 근처
either [이덜] 역시 ~하다   **look at** [룩 앳] ~를 보다
look after [룩 애프터] (아이를) 돌보다

대화문 ②

아이 헐드 데얼 이즈 언 익지빗 어라운드 히얼.
A I heard there is an exhibit around here.

두 유 노우 웨얼 잇 이즈?
Do you know where it is?

아이 앰 쏘리. 아이 돈 노우, 이덜.
B I am sorry. I don't know, either.

플리즈, 애스크 썸원 엘스.
Please, ask someone else.

오케이, 아이 윌. 아이 띵크 아이 갓 로스트.
A Okay, I will. I think I got lost.

룩! 메이비 이츠 데얼.
B Look! Maybe it's there.

A 이 근처에서 전시회가 있다고 들었는데 어디인지 아세요?
B 죄송한데 저도 잘 몰라요. 다른 분에게 물어보세요.
A 알겠습니다. 길을 잃은 것 같네요.
B 보세요! 저기 아닌가요?

Tip

영어로 길을 잃었다고 할 때는 get lost를 쓴다. 위의 표현은 과거형으로 get 이 got이 된 것이다. 여기서 lost는 자신이 잃어버려졌다는 것을 의미한다.

단어

got lost [갓 로스트] 길을 잃었다
missing [미씽] 실종된
lost one's way [로스트 원스 웨이] 길을 잃다
lost item [로스트 아이템] 분실물

나우어데이즈,　　　아이 앰 쏘　타이얼드 댓
Nowadays, I am so tired that

아이 앰　낫　두잉　　웰.
I am not doing well.

요즘 피곤해서 잘 못 지내요.

관련 표현

나우어데이즈,　　　아이 앰 쏘　타이얼드 메이비
Nowadays, I am so tired maybe

비코우즈　　아이 월크　오벌 타임　　투　오픈.
because I work overtime too often.

요즘 피곤한 것이 자주 야근해서인 것 같아요.

나우어데이즈,　　　아이 앰　쏘　익조스티드.
Nowadays, I am so exhausted.

요즘 너무 힘들어요.

Tip

영어로 피곤하다는 표현은 대표적으로 두 가지가 있다. 첫 번째가 이전에 배운 tired이고 두 번째가 exhausted이다. 둘 다 지쳤다는 것을 표현하고 차이점은 없지만 tired가 더 자주 쓰이는 표현이다.

나우어데이즈, 아이 앰 쏘 타이얼드 댓 아이 앰 낫
A Nowadays, I am so tired that I am not

두잉 웰.
doing well.

이즈 잇 비코우즈 유 겟 투 머치 스트레스
B Is it because you get too much stress

프럼 월크?
from work?

예스.
A Yes.

하우 어바웃 고잉 클라이밍 디쓰 위켄드?
B How about going climbing this weekend?

위 캔 릴리브 스트레스.
We can relieve stress.

A 요즘 피곤해서 잘 못 지내요.
B 업무스트레스가 많아서 그런 거예요?
A 맞아요.
B 그럼 이번 주말에 등산 가는 것 어때요? 스트레스 풀 수 있어요.

Tip

스트레스는 영어에서 온 말로 이미 외래어로 쓰이고 있다. 스트레스를 없앨 때 스트레스를 푼다고 한다. 영어에서 '풀다'는 relieve이다. 원래 relieve는 '경감시키다'라는 뜻을 갖고 있다.

단어

because [비코우즈] ~때문에 **stress** [스트레스] 스트레스
climbing [클라이밍] 등산 **relieve** [릴리브] 풀다, 해소하다

나우어데이즈,   아이 앰 쏘 타이얼드 댓   아이 앰 낫
A **Nowadays, I am so tired that I am not**

두잉   웰.
doing well.

왓츠   고잉   온?
B **What's going on?**

아이 해브 투 스터디 앤   두 어 파트 타임 좝   투
A **I have to study and do a part time job to**

언   머니.
earn money.

유   머스트 비 베리   비지.
B **You must be very busy.**

A 요즘 피곤해서 잘 못 지내요.
B 무슨 일이에요?
A 공부하면서 또한 돈을 벌기 위해 아르바이트를 해야 되요.
B 너무 바쁘겠네요.

Tip

우리나라에서 흔히 사용하는 아르바이트는 콩글리시로 독일어에서 온 단어이다. 영어로는 아르바이트를 part time job이라고 하고 동사 do와 같이 쓴다.

단어

earn [언] 벌다
must be [머스트 비] ~일 것이 틀림없다
make money [메이크 머니] 돈을 벌다
full time job [풀 타임 잡] 전임 직장

97 고민을 이야기할 때

아이 해브   썸   워리즈.
I have some worries.
저는 고민이 좀 있어요.

관련 표현

아이 해브   썸   워리즈,
I have some worries,

앤   아이 돈   노우   왓   투 두.
and I don't know what to do.
저는 고민이 있는데 어떻게 해야 할지 모르겠어요.

아이 해브   썸   워리즈.
I have some worries.

쿠쥬   헬프   미   윗   잇?
Could you help me with it?
제가 고민이 있는데 저를 좀 도와줄 수 있어요?

Tip

영어로 걱정을 worry라고 한다. worry는 원래 동사로 '걱정하다' 라는 뜻이 있지만 명사로도 쓰일 수 있다. 많은 추상 명사들은 복수 가 불가능한데 영어에서 worry는 복수가 될 수도 있고 그냥 단수 로 쓰일 수도 있다.

A 아이 해브 썸 워리즈.
I have some worries,

앤 아이 돈 노우 왓 투 두.
and I don't know what to do.

B 왓츠 뤙?
What's wrong?

아이 캔 헬프 유 이프유 텔 미 왓 잇 이즈.
I can help you if you tell me what it is.

A 아이 라이크 어 걸. 앤 아이 돈 노우 하우 투 익스프레스
I like a girl, and I don't know how to express

마이 필링스.
my feelings.

B 오케이! 렛 미 띵크.
Okay! Let me think.

A 제가 고민이 좀 있는데 어떻게 해야 할지 모르겠어요.
B 무슨 일인데요? 말하면 제가 도와줄 수도 있잖아요.
A 한 여자아이를 좋아하는데 어떻게 제 감정을 표현할지 모르겠어요.
B 응! 제가 생각해볼게요.

Tip

영어로 '표현하다'를 express라고 한다. 여기서 ex는 '밖'이라는 뜻을 갖고 있고 press는 '누르다'라는 뜻을 갖고 있다. 밖으로 안에 있는 것을 누르는 것이니 표현한다는 의미가 된다.

단어

express [익스프레스] 표현하다 **feeling** [필링] 감정
emotion [이모션] 감정 **emotional** [이모셔널] 감정적인

대화문 ❷

아이 해브 썸 워리즈.
A I have some worries.

쿠쥬 헬프 미 윗 잇?
Could you help me with it?

왓 이즈 잇? 텔 미.
B What is it? Tell me.

이츠 어바웃 마이 월크.
A It's about my work.

마이 보스 앤 아이 해브 디퍼런트 오피니언스.
My boss and I have different opinions.

아이 띵크 유 니드 투 커뮤니케이트 윗 유얼
B I think you need to communicate with your

보스 모얼 프리퀀틀리.
boss more frequently.

A 제가 고민이 있는데 저를 좀 도와줄 수 있어요?
B 뭔데요? 말해 보세요.
A 업무 일인데요. 저랑 상사랑 의견 충돌이 있어서요.
B 제 생각에는 더 자주 상사와 소통하는 것이 필요할 것 같아요.

Tip

우리나라와 마찬가지로 외국에서도 상사와의 갈등은 존재한다. 하지만 외국은 경험보다는 능력을 중시하기 때문에 일을 시작한지 오래되지 않아도 성과가 좋으면 빨리 승진할 수 있다.

단어

different [디퍼런트] 다른　**frequently** [프리퀀틀리] 자주
frequent [프리퀀트] 빈번한　**frequency** [프리퀀시] 빈도

다시 말해달라고 할 때

캔 유 쎄이 댓 원 모얼 타임?
Can you say that one more time?
다시 한번 말씀해 주세요.

관련 표현

아이 돈 언덜스탠드.
I don't understand.

쿠쥬 쎄이 댓 어게인?
Could you say that again?
제가 이해를 못했는데 다시 말씀해 주시겠어요?

캔 유 쎄이 댓 어게인 라우들리, 플리즈?
Can you say that again loudly, please?
다시 크게 말씀해 주시겠어요?

PLUS

쿠쥬 리핏 댓 플리즈?
Could you repeat that please?
그것을 다시 한번 말해주세요.

Tip

영어로 '한 번 더'를 one more time이라고 한다. 여기서 time은
시간이 아니라 '번'을 뜻한다. '두 번 더'는 two more times이
다. 두 번부터는 복수이기 때문에 time 뒤에 s를 붙여 주어야 한다.

아이 디든 히얼 잇.
A I didn't hear it.

캔 유 쎄이 댓 원 모얼 타임.
Can you say that one more time?

오케이. 아이 윌 스피크 슬로울리.
B Okay. I will speak slowly.

플리즈 리쓴 케어풀리.
Please listen carefully.

아이 헐드 잇 디쓰 타임. 땡큐.
A I heard it this time. Thank you.

굿 잡.
B Good job.

A 제가 잘 못 들었는데, 다시 한번 말씀해 주시겠어요?
B 그래요, 제가 천천히 말할게요. 주의하면서 들으세요.
A 이번에 잘 들었어요. 감사합니다.
B 잘했어요.

Tip

영어로 원어민과 대화할 때는 속도가 너무 빨라서 이해를 하지 못하는 경우가 많이 있다. 위의 표현들은 그 때 사용할 수 있는 표현들이다. 실제로 원어민들은 말을 빨리 하고 가끔 말을 명확하지 않게 하기 때문에 천천히 말해달라고 부탁해야 하는 경우가 많이 있다.

단어

speak [스피크] 말하다 **slowly** [슬로울리] 천천히
listen [리쓴] 듣다 **carefully** [케어풀리] 신중히

쏘리.　　마이 잉글리쉬　 이즈 뤼얼리　배드.
A Sorry. My English is really bad.

쿠쥬　　　쎄이 댓　 원　 모얼　 타임?
Could you say that one more time?

노　프라블럼.　　아이 윌 쎄이 댓　 어게인.
B No problem. I will say that again.

디쥬　　　히얼　 잇?
Did you hear it?

아이 스틸 디든　 겟　 잇.
A I still didn't get it.

댓츠　　 오케이. 아이 윌 롸잇　 잇 다운　 포 유.
B That's okay. I will write it down for you.

A 죄송한데, 제가 영어를 잘 못해서요. 다시 한 번 말씀해주세요.
B 문제 없습니다. 다시 말할게요. 잘 들었어요?
A 여전히 이해를 못했어요.
B 괜찮아요. 제가 써서 보여드릴게요.

(Tip)

영어로 '이해하다'를 understand라고 한다. 하지만 구어체에서는 under-stand 말고 get도 많이 사용한다. get의 기본 의미는 '얻다'지만 이렇게 '이해하다'로 해석이 될 수도 있다.

(단어)

get [겟] 이해하다
write down [롸잇 다운] ~을 적다
put down [풋 다운] 기록하다
jot down [좟 다운] 급히 쓰다

99 물건을 사달라고 할 때

쿠쥬   겟 미 썸   콕,
Could you get me some coke,

플리즈?
please?
콜라 좀 사다 줄 수 있어요?

관련 표현

캔   유   겟   미   어 바틀   옵 쏘이 쏘스?
Can you get me a bottle of soy sauce?
간장 한 병 사다 주실래요?

캔   유   겟   미   썸   아이스 커피?
Can you get me some ice coffee?
아이스커피 좀 사다 주실래요?

PLUS   플리즈   바이   미   어 컴퓨터.
Please buy me a computer.
저에게 컴퓨터 한 대 사주세요.

Tip

get의 또 다른 뜻은 '얻어주다'이다. 그래서 get을 쓰고 뒤에 물건을 쓰면 그 물건을 '사다'라는 의미까지 연결이 가능하다. 일상 회화에서는 buy보다 get을 더 많이 사용하니 위의 용법을 잘 익혀서 사용해보자.

A 캔 유 겟 미 어 바틀 옵 쏘이 쏘스 온
Can you get me a bottle of soy sauce on

유얼 웨이 홈?
your way home?

B 위 돈 해브 쏘이 쏘스 앳 홈?
We don't have soy sauce at home?

A 노, 위 해브 투 바이 원.
No, we have to buy one.

B 오케이.
Okay.

A 집에 오는 길에 간장 한 병 사다 줄래요?
B 집에 간장 없어요?
A 네, 하나 사야 돼요.
B 알겠어요.

 PLUS 데얼 이즈 노 쏘이 쏘스 인 디쓰 마켓.
There is no soy sauce in this market.
이 마켓에는 간장이 없네요.

Tip --

영어로 간장을 soy sauce라고 한다. 영어 단어 중에 음식 재료를 외우는 것은 정말 어렵다. 그렇기 때문에 새로운 단어를 볼 때마다 암기해 두는 것이 중요하다.

단어 --

bottle [바틀] 병 **soy sauce** [쏘이 소스] 간장
soy [쏘이] 콩, 대두
cooking oil [쿠킹 오일] 식용유

웨얼 아 유 고잉?
A Where are you going?

아이 앰 고잉 투 더 컨비니언스 스토얼.
B I am going to the convenience store.

덴, 캔 유 겟 미 썸 아이스 커피?
A Then, can you get me some ice coffee?

노우 프라블럼.
B No problem.

- **A** 어디 가요?
- **B** 저 편의점에 가요.
- **A** 그럼 아이스커피 사다 줄 수 있을까요?
- **B** 문제 없어요.

+PLUS
아이 돈 해브 에니 머니 나우.
I don't have any money now.
저에게 지금 돈이 없어요.

Tip

영어로 편의점을 convenience store이라고 한다. convenience가 '편의'라는 뜻을 갖고 있기 때문이다. 외국에도 편의점이 많이 있는데 미국은 사람들이 장을 볼 때 작은 가게보다 주로 큰 마트에서 본다.

단어

convenience store [컨비니언스 스토어] 편의점
ice coffee [아이스 커피] 아이스커피
hot coffee [핫 커피] 뜨거운 커피
decaf [디캐프] 카페인을 제거한

자리를 바꿔줄 수 있는지 물을 때

쿠쥬 스위치 씨츠 윗 미?

Could you switch seats with me?
자리를 바꿔줄 수 있나요?

캔 위 스위치 씨츠?

Can we switch seats?
우리 자리를 바꿔도 될까요?

웨얼 이즈 유얼 씻?

Where is your seat?
자리가 어디죠?

PLUS

디쓰 이즈 마이 씻.

This is my seat.
여기 제 자리인데요.

아이 돈 케얼 어바웃 마이 씻 넘버.

I don't care about my seat number.
저는 자리 번호에 대해 신경 안 써요.

Tip

switch는 '바꾸다'라는 뜻이다. change도 '바꾸다'라는 뜻이지만 change는 아예 다른 것으로 바꾸는 것이고 switch는 교환을 통해 바꾸는 것을 말한다.

대화문 ①

쿠쥬 　　스위치 　씨츠 　윗 　미?
A Could you switch seats with me?

웨얼 　이즈 유얼 　씻?
B Where is your seat?

이츠 에프 떨틴.
A It's F 13.

노 　프라블럼. 　레츠 　스위치.
B No problem. Let's switch.

⋯⋯⋯⋯⋯⋯⋯⋯⋯⋯⋯⋯⋯⋯⋯⋯⋯⋯⋯⋯⋯⋯⋯⋯⋯⋯

A 자리를 바꿔줄 수 있나요?
B 자리가 어디죠?
A F 13이에요.
B 문제 없어요, 바꿔요.

➕PLUS
썸원 　　　이즈 씨링 　인 마이 씻.
Someone is sitting in my seat.
누가 제 자리에 앉아 있어요.

(Tip)

비행기를 타면 자리를 바꾸고 싶은 경우가 많이 생긴다. 위의 대화 내용을
잘 숙지하면 자리를 바꾸고 싶은 사람에게 자연스럽게 부탁을 할 수 있다.
자리를 바꿀 때는 위의 예문처럼 자기 자리도 어디인지 알려주어야 한다.

(단어)

switch [스위치] 바꾸다
seat [씨트] 자리
reserved seat [리절브드 씨트] 예약석
row [로우] 줄, 열

쿠쥬   스위치   씨츠   윗   미?
Ⓐ Could you switch seats with me?

캔   아이 애스크 유 와이?
Ⓑ Can I ask you why?

더   펄쓴   넥스 투 유   이즈 마이 마덜.
Ⓐ The person next to you is my mother.

오!   오케이.
Ⓑ Oh! Okay.

플리즈,   텔 미 웨얼   유어   씻 이즈.
Please, tell me where your seat is.

Ⓐ 자리를 바꿔줄 수 있나요?
Ⓑ 이유를 물어봐도 될까요?
Ⓐ 당신 옆에 있으신 분이 바로 제 모친이에요.
Ⓑ 오! 알겠어요. 당신의 자리가 어디인지 알려주세요.

Tip

영어로 이유를 물어볼 때는 Can I ask you why라는 표현을 많이 사용한다. 이 말을 직역하면 '제가 왜인지 물어봐도 될까요?'가 된다. 그냥 '왜요? 라고 물어봐도 되지만 이렇게 풀어서 표현하는 것이 더 공손하게 들린다. 언어는 주로 짧으면 짧을수록 격식이 없게 들리는 경향이 있다.

단어

mother [마덜] 엄마
switch buses [스위치 버시즈] 버스를 갈아타다
switch jobs [스위치 잡스] 일자리를 바꾸다
switch to [스위치 투] ~로 바꾸다

탁상용 1일 5분 영어 완전정복

이원준 엮음 | 140*128mm | 368쪽
14,000원(mp3 파일 무료 제공)

기적의 영어회화 스타트 32

류의열 저/에릭 브라이언 엘키 감수
188*258mm | 392쪽 | 17,000원
(mp3 파일 무료 제공)

저절로 읽어가는 영어

장웅상 저 | 148*210mm | 328쪽
15,000원

초등 영단어 완전정복

이민정, 장현애 저 | 148*210mm
340쪽 | 14,000원(mp3 CD 포함)